CB053598

COIMBRA EM BLUES
2003-2007

ÍNDICE

Manuel Portela, *Fotografar os blues*	**5**
Mário Lopes, *Por este rio acima: A interminável viagem do blues*	**9**
Pedro Medeiros, *Coimbra em Blues: Anatomia fotográfica de um festival*	**19**
Nuno Patinho, *Blue notes, low lights.*	**21**
Miguel Silva, *O Fotógrafo em Blues*	**23**
Coimbra em Blues: Fotografias	**25**
Coimbra em Blues: Cartazes	**60**
Pedro Dias da Silva e Teresa Santos, *Músicos*	**65**

COIMBRA EM BLUES 2003-2007

ALMEDINA

The Sherman Robertson Band
Nuno Patinho, 17 de Março, 2005

FOTOGRAFAR OS BLUES
MANUEL PORTELA

O festival *Coimbra em Blues* surgiu em Março de 2003, como uma organização conjunta do Teatro Académico de Gil Vicente e da Câmara Municipal de Coimbra. Esta co-organização repetiu-se na 2ª edição, em Março de 2004. Nas três edições seguintes (Março de 2005, Março de 2006 e Março de 2007), *Coimbra em Blues* foi uma co-organização do Teatro Académico de Gil Vicente e da Delegação Regional da Cultura do Centro (actual Direcção Regional da Cultura do Centro). Ambas as parcerias atestam o reconhecimento público do valor artístico e cultural dos blues e da forma particular deste festival. Ao reconhecimento através dos meios financeiros que têm permitido produzir o *Coimbra em Blues*, acresce o reconhecimento directo do público que, ao longo das três noites de cada edição, participa entusiasticamente nos concertos – cerca de 7000 espectadores em cinco anos. Uma das características da programação do *Coimbra em Blues* tem sido a combinação de formas tradicionais da canção negra norte--americana, sejam de origem rural ou de origem urbana, com formas contemporâneas, de latitudes diversas, que transfiguram as matrizes originais. Por um lado, tem sido possível ouvir os clássicos (de Robert Johnson, John Lee Hooker, Blind Willie Johnson, Howlin' Wolf, Muddy Waters, R.L. Burnside, Junior Kimbrough, etc.) nas suas sucessivas reinterpretações. Por outro lado, como sucedeu nos concertos de Kenny Brown e Heavy Trash, em 2006, ou de Bob Log III, em 2007, podemos perceber a influência da linguagem instrumental e vocal dos blues em formas que cruzam este género musical com outros géneros. A ligação quase umbilical entre os blues e o rock, por exemplo, mantém-se viva numa nova geração de músicos que, pelo mundo fora, continua a transfigurar aquela tradição, como acontece com os Black Diamond Heavies ou Son of Dave. *Coimbra em Blues* tem procurado mostrar os blues como prática viva e em plena evolução, mesmo quando são interpretados pelas gerações mais velhas, e não como mero património estandardizado de *covers* e solos em *slide guitar*. Os temas dos concertos dos cinco anos reflectiram esta diversidade geográfica e musical, que tem dado ao género o poder expressivo de música do mundo. *Blues acústico, blues eléctrico, novas sonoridades do blues, blues do Mississippi, big city blues* e *blues europeu* foram algumas das designações usadas para caracterizar os concertos. Recordemos os músicos presentes nas cinco edições: em 2003, Billy Jenkins with the Blues Collective, Steve Morrison and the Blues Abuse, Elmo Williams & Hezekiah Early, Paul Jones e Little Milton; em 2004, Cephas & Wiggins, Roscoe Chenier Bluesband, Carey Bell, Reverend Vince Andersen e Little Axe; em 2005, Robert Belfour, Keith Dunn, Toni Lynn Washington, Sheila Wilcoxon, Sherman Robertson Band e T-Model Ford; em 2006, Little Freddie King, Macavine Hayes, Adolphus Bell, Kenny Brown e Heavy Trash; e em 2007,

Hell's Kitchen, Son of Dave, Bob Log III, Black Diamond Heavies e Alabama 3.
Na medida em que se trata de um festival inteiramente concebido e realizado pelo TAGV, *Coimbra em Blues* constitui uma demonstração da capacidade de produção e programação próprias. É esta capacidade, antes de mais, que permite ao TAGV a realização da sua missão específica e a afirmação da sua identidade pública. Que o festival *Coimbra em Blues* tenha ganho crescente projecção nacional e internacional resulta tanto da qualidade da programação, da responsabilidade de Paulo Furtado, como do trabalho colectivo das equipas do Teatro. E que a essa programação e a esse trabalho tenha correspondido o interesse continuado do público mostra a felicidade da associação que em 2003 se estabeleceu entre o TAGV e os blues. É a memória dessa conjunção feliz que este livro procura evocar através de uma selecção de fotografias.
Mas não se trata apenas de um álbum de memórias, composto por registos documentais evocativos. As fotografias aqui reunidas constituem modos diversos de grafar os concertos e os músicos, e dar da música uma outra forma de notação – aquela que é feita pela luz ao incidir sobre os objectos. Ao fazê-lo dão também testemunho de si próprias enquanto fotografias, isto é, enquanto formas de ver os seus objectos particulares: os concertos, os músicos e a experiência da comunicação humana mediada pela música. Parar o tempo, e o tempo da música em particular, é criar uma notação dos movimentos corporais que organizam os sons e se prolongam nos instrumentos – percutidos, dedilhados, friccionados, soprados. Se a cada género musical corresponder também uma performance particular, a imagem deve conter um sinal dessa performance. E, se assim for, nos retratos dos músicos podemos, porventura, encontrar retratos da música. E é precisamente essa espécie de efeito sinestésico que se pode apreciar em algumas das fotografias. No ríctus facial, no movimento sugerido das mãos e dos dedos, na posição da cabeça ou do tronco pressentimos um eco dos sons saídos do corpo e dos seus movimentos. Nos traços de luz e cor, adivinhamos a relação física dos músicos com os instrumentos. Na fisionomia e nas posturas corporais reconhecemos o fraseado das guitarras e das vozes, o ritmo do baixo e da bateria. Talvez não seja possível fotografar os blues ao fotografar os músicos, mas o som quase parece audível por metonímia. Retrata-se o músico e fotografa-se o concerto como acontecimento. E, nesse instante, é a fotografia que se torna no seu próprio acontecimento.
Mas ao olhar retratado e à objectificação do olhar que o retrata, há ainda um terceiro olhar a acrescentar: aquele que a disposição gráfica e o alinhamento das fotos constrói sobre as folhas de papel. São três performances incrustadas sucessivamente: a do músico na performance fotográfica, e a da fotografia na performance bibliográfica. O alinhamento das fotos – na combinatória e na sequência – é graficamente materializado em função das características formais internas das imagens: nas cores, nos enquadramentos, na performance corporal dos músicos, nas escalas, nos formatos. Deste conjunto de relações resulta, de certo modo, um contraponto musical entre as várias estruturas formais de cada grupo de fotografias. As fotos, como os músicos, tocam umas com as outras e umas para as outras: vendo-se e escutando-se mutuamente, interpretam o tema particular da luz que contêm e da forma que são. Colocadas numa grelha precisa que orienta a sua distribuição no palco da página, conferem ao mesmo tempo movimento e vibração à regra que determina a geometria do conjunto. A página esquerda e a página direita nunca se esquecem da interpelação implicada nessa co-presença. E é este trabalho gráfico de Joana Monteiro, acima de tudo, que permite a *Coimbra em Blues 2003-2007* autonomizar-se enquanto livro e enquanto objecto. As fotografias incluídas neste volume foram seleccionadas de forma a representar todos os músicos participantes nas cinco edições

do festival. Houve ainda a intenção de mostrar os músicos fora do TAGV, noutros espaços e circunstâncias durante a sua breve passagem por Coimbra. Uma boa parte destas fotografias foi mostrada nas exposições retrospectivas anuais de edições anteriores do festival. Estas mostras fotográficas têm sido, de resto, parte integrante da programação do *Coimbra em Blues*. A sua compilação e reprodução em livro permitem perspectivar melhor a dimensão de conhecimento e celebração dos blues, reiterada ao longo de cinco anos. A regularidade de um festival cimenta as relações entre artistas e público, e torna possível acumular a experiência dos anos anteriores na definição de novos programas e de novos projectos. Este livro constitui um dos novos projectos, integrado no festival de 2008, e é ao conjunto das equipas do TAGV que é dedicado, já que é à qualidade do seu trabalho artístico, técnico e administrativo que o *Coimbra em Blues* deve a sua excelência. Além das fotografias, este livro inclui um texto de Mário Lopes, que nos oferece uma breve viagem sobre a história do género, enquadrando as formas contemporâneas na genealogia e nas transformações históricas dos blues. Conta também com depoimentos dos fotógrafos sobre o trabalho do qual resultaram as fotografias aqui reunidas. Incluem-se ainda breves notas de apresentação de cada uma das bandas e solistas participantes (incluindo a discografia), da responsabilidade de Pedro Dias da Silva e de Teresa Santos. Deste modo, *Coimbra em Blues 2003-2007* tenta combinar o interesse na fotografia cénica e de espectáculos com o interesse na história e nas formas contemporâneas dos blues, servindo-se para isso da janela aberta pelo festival de Coimbra desde 2003. São devidos os especiais agradecimentos a Pedro Medeiros, Nuno Patinho e Miguel Silva por fotografarem os blues, e à editora Almedina pela publicação da obra. *Coimbra em Blues* tem, a partir deste momento, mais um objecto de memória e de conhecimento: o seu álbum público de fotografias.

Pedro Medeiros, Março, 2006

POR ESTE RIO ACIMA A INTERMINÁVEL VIAGEM DO BLUES
MÁRIO LOPES

W.C. Handy não o podia imaginar. Professor universitário por necessidade e músico por convicção, actuando nas "minstrel bands" que percorriam à altura todo o território dos Estados Unidos, tinha visto muito e ouvido ainda mais. Contudo, naquela tarde de 1903, recostado num banco da estação ferroviária de Tutwiler, Mississippi, enquanto desesperava por um comboio viajando com atraso, ouviu algo que não reconhecia. Não o sabia ainda, mas a sua vida mudaria nesse dia. O inadvertido passaporte para a imortalidade estava ao seu lado, entrevisto entre as pálpebras semicerradas que cediam ao cansaço. Perto de si, um homem tocava guitarra percorrendo os trastes com uma faca, criando um som metálico, sibilante, que acompanhava de um canto lamentoso. Uma frase apenas, repetida em intervalos de três: "Going where the southern cross the dog". W.C. Handy chamou-lhe "a música mais bizarra que já tinha ouvido". Por estranha que fosse, Handy comporia pouco depois "St. Louis Blues", uma das primeiras gravações do género, e transcreveria para pauta muitas das canções dos bluesmen que foi descobrindo – por isso mesmo se imortalizou como "pai do blues". Nunca saberemos se o episódio de Tutwiler narrado na sua biografia é verdadeiro. Nunca saberemos e, na verdade, esse é mistério que não interessa desvendar. O blues alimenta-se tanto da vida ela mesma quanto das mitologias que a envolvem: é música extraída do quotidiano para o transformar em algo maior.

Enquanto o anónimo bluesman de Tutwiler repetia insistentemente "where the southern cross the dog", a faca cortava o som límpido da guitarra e transformava-o em algo fora deste mundo – como que uma assombração materializada, aos olhos de todos, numa tarde plácida como tantas outras. Eterno viajante, esperava o comboio e "limitava-se" a cartografar com precisão a encruzilhada da próxima paragem.

No entanto, não foi isso que ouviu W.C. Handy. Nunca é apenas isso que ouvimos no blues e temos a sua história como prova. Podemos apontar o duplo sentido do "Backdoor Man" de Muddy Waters ou seguir John Lee Hooker transformando as inundações de "When the Leeve Breaks" em cenário de apocalipse divino. Podemos ver perante nós o "Stack O'Lee" que, imortalizado por Mississippi John Hurt, cresceu de criminoso comum à dimensão de Clyde Barrow e afirmar que, no blues, pessoas comuns transformam-se em personagens de espessura mítica. É indiferente que sejam heróis ou vilões. O Bem, o Mal e a estreita linha que os separa são componentes indispensáveis à genética desta música. Que isso nasça tanto do verbo, da vontade de contar histórias – o impulso primeiro da música popular –, quanto de pura invenção sonora, da forma como a tradição se renova, voz após voz, guitarra após guitarra, eis a razão do fascínio que o blues provoca, eis a garantia da sua imortalidade.

Traçam-lhe origens nas margens do Níger, na música de escravos traficados de África para os Estados Unidos. Definem-lhe existência moderna na tradição musical que afro-americanos fundaram no Sul dos Estados Unidos: um copo de whiskey para esquecer o trabalho desumanamente árduo nos campos de algodão e o blues para lembrar tudo o resto (em cadência hipnótica para ajudar à dança, que tudo cura). Nascido como pulsão irreprimível, o blues não se conteve. Se era vida aquilo que cantava, se era uma música que, permanentemente consciente da sua tradição, procurava o futuro, nada mais lhe restava senão seguir a longa estrada à sua frente. Emigrou para Chicago e Memphis e descobriu a electricidade dos grandes centros urbanos. Saltou o Atlântico e contaminou aqueles que, a um oceano de distância, sabiam ser também suas aquelas pequenas glórias e grandes tragédias. No processo, imparável, cativou todos os que ouviam em roufenhas gravações de 78" uma primeira sofisticação que a tecnologia parecia não conseguir capturar. No processo, orgânico, foi conhecendo e absorvendo mais mundo. Ao contrário de outras expressões musicais, a legitimação chegou tarde e o sucesso comercial conheceu picos de moda antes de se tornar uma constante no cenário da música popular urbana.

ASCENSÃO E QUEDA

A génese do blues está numa existência marginal e nela se moldou a sua evolução ao longo dos tempos. Há nele algo próximo do metafísico, uma angústia existencial inexplicável. Podemos intuí-lo nas palavras de Leadbelly, recuperadas no texto de apresentação de *House of the Blues*, álbum de John Lee Hooker que a Chess Records editou em 1959: "Levantas-te e pões os pés sobre a mesa, olhas para o prato, está lá tudo o que queres comer, mas abanas a cabeça, levantas-te. Dizes, 'Senhor, não consigo comer e não consigo dormir'. O que se passa? Os blues apanharam-te. Querem falar contigo".

Em seguida, nesse texto, a letra da canção que Leadbelly terá interpretado para dar vida ao que as palavras não explicavam devidamente. Acaba com os seguintes versos: "I lay down last night, turning from side to side/ Oh, turnin' from side to side/ I was not sick, but I was just dissatisfied" – e é esta indefinível "insatisfação", que alguém descreveu como "um sentido de destino inescapável", que se revela em cada uma das vozes do blues.

Ao mesmo tempo, no que é fundamental para a sua riqueza musical e relevância social, reconhecemos nele uma capacidade de travestir essa identidade primeira numa outra coisa. Robert Johnson, o mais mítico dos bluesmen, o homem que deu corpo ao mito da encruzilhada – terá sido numa que vendeu a alma ao Diabo em troca de excelência na guitarra – e que inaugurou a trágica linhagem rock'n'roll de mortes precoces, sempre aos 27 anos – a dele chegou em 1938, décadas antes das de Jimi Hendrix, Brian Jones ou Kurt Cobain –, percorria os Estados Unidos cantando "Hellhound on my trail" com uma voz que não era simplesmente assombrada, era ela mesmo uma assombração. Fazia-o, porém, em actuações em que a vertigem pelo abismo se combinava com um pendor lúdico que o blues, desde que saltou dos alpendres para os palcos, nunca desdenhou. O blues dança-se, frenética e sensualmente. O blues expõe as profundezas da alma e exalta os prazeres da carne. Essa dicotomia é-lhe basilar e foi fundamental para que deixasse de ser expressão exclusiva da oprimida comunidade afro-americana. O início da década de 1920 é o momento em que tal começa a tornar-se definitivamente realidade.

Nas grandes metrópoles, principalmente Nova Iorque, compositores atentos aproveitaram o potencial daquela música, reservada até então a bares decrépitos, bordéis ou aos largos dos guetos ocupados para bailes ao fim de semana, e adequam-lhe o espírito à sofisticação urbana da época. No início da década de 20, cantoras como Mamie Smith, Ma Rainey ou a lendária Bessie Smith levam o blues ao grande público pela primeira vez. Porém, não é a canção marginal, diálogo cru e intenso entre um músico e a sua guitarra, como acontecia habitualmente na tradição rural, aquilo que chega aos ouvidos dos 200 mil que correm a comprar "Crazy Blues", o primeiro "hit" da história do blues, cantado por Mamie Smith e publicado em 1920.

Se na voz e na letra se pressentia a "insatisfação" descrita por Leadbelly, a música concentrava em si elementos dos musicais vaudeville e do swing do jazz, indispensáveis para a tornar, mais que apelativa, aceite pela comunidade branca que, concentrando o poder económico, era indispensável à massificação e viabilização financeira do "novo" género.

Esta "suavização" do lado mais selvagem do blues permitiu, num primeiro momento, torná-lo visível e alvo de interesse por parte dos agentes da indústria – data de 1921, da responsabilidade da nova-iorquina Okeh, o primeiro catálogo das edições que viriam a ser conhecidas como "race records", discos dirigidos especificamente à comunidade negra. A adaptação a um contexto urbano e socialmente sofisticado, sem quaisquer constrangimentos quanto à noção de pureza estética por parte de músicos, cantores e compositores, é sintomática da sua abertura à incorporação de estímulos exteriores.

Tem a sua origem em canções de trabalho e em cânticos religiosos. Foi cantado em campos e igrejas como componente indispensável do quotidiano, não como forma de entretenimento. Quem o cantava não esperava recompensas financeiras, não esperava fazer dele carreira. O jovem McKinley Morganfield, que conheceríamos mais tarde sob o nome "sagrado" de Muddy Waters, aproveitava o seu talento musical para juntar alguns cêntimos ao parco ordenado ganho nos campos de algodão – a pouco mais que isso poderiam ambicionar os bluesmen dos primórdios. Não é surpreendente que, a partir do momento em que surge a possibilidade de viver profissionalmente da música, se abra a novas influências e se deixe contaminar. O bluesman continuou a entregar-se à música como catarse espiritual, continuou a ser a vida que o rodeava, nos seus pormenores mais profanos, a principal fonte de inspiração. Mas passou a ser também um entertainer, empenhado e perfeitamente consciente dessa condição, exposto aos facilmente impressionáveis olhos e ouvidos do politicamente correcto. Os duplos-sentidos em que o blues é fértil, os "squeeze my lemon" ou os "I want some of your pie", surgem como forma de contornar isso mesmo. Certamente que ao subir ao palco do requintado Cotton Club, Memphis Minnie, guitarrista virtuosa numa altura em que eram praticamente inexistentes as mulheres que se acompanhassem do instrumento, não cantaria "Down in the alley" e a sua história de prostituição em becos escuros.

Nascido no Sul dos Estados Unidos, o blues via o seu eco reproduzido, devidamente alterado, nas capitais do "entertainment". Porém, a sua entrada nos meandros da indústria discográfica provocaria mudanças substanciais. Ao entrar, em 1926, nos estúdios da Paramount, o texano Blind Lemon Jefferson, nome imprescindível da história do blues – a influência pode medir-se pela contagem das inúmeras versões de que, até à actualidade, foram alvo "Matchbox" ou "See That My Grave Is Kept Clean", duas das suas canções mais famosas –, não imaginaria o que se preparava para despoletar. Até à morte em 1929, aos 36 anos, terá gravado mais de uma centena de canções, transformando-se nesse curto espaço de tempo numa celebridade largamente reconhecida. Mais importante que o sucesso, foi a forma como impulsionou a revelação em larga escala do blues rural do Sul dos Estados Unidos, descendente directo daquele que W.C. Handy ouvira décadas antes num apeadeiro em Tutwiller. Num ápice, percebendo o apreço e interesse demonstrado pela comunidade branca e a ascensão de uma classe média negra, urbana,

desejosa de ouvir "a sua música" e disposta a pagar para o fazer, as editoras partiram em viagem para o mundo rural sulista em busca de novos talentos. Dos muitos que então se estrearam discograficamente, há três nomes que, pela sua aura de "fundadores" e pela influência futura, tanto em termos musicais quanto na definição de um imaginário, se destacam naturalmente: Charley Patton, Son House e Skip James. Em Patton, na sua voz cavernosa e na cortante "slide guitar", o blues como mistério e negrume, uma sombra para a qual somos irremediavelmente atraídos – são contos de morte e dilúvio bíblico, como nessa "High Water Everywhere", arrancada da lama que sobrevinha às cheias do Mississippi. Em Son House, cadastrado e pastor baptista, o blues como dança entre o sagrado e o profano, o blues como força vital impossível de encenar – sentimo-lo como algo próximo do dogma ao vê-lo cantar "John The Revelator", com palmas a marcar o ritmo e olhos cerrados em pregação, ou ao vê-lo tocar essa "Death Letter" em que o corpo responde com espasmos ao seu inimitável som de guitarra. Em Skip James, também ele pastor baptista, o virtuosismo inexcedível no "fingerpicking" e uma voz, próxima do falsete, que emprestava às canções uma textura quase alienígena – nele, toda a tradição folk se concentrava e transformava pela identidade única da sua interpretação, como tão bem o demonstram "Devil Got My Woman" ou "I'm So Glad".
Se os referimos actualmente como personagens fulcrais na história do blues, tal não se deve à exposição garantida pelas gravações realizadas nesse período de efervescência discográfica e de interesse consequente pela música do Delta do Mississippi. Fiel ao seu "sentido de destino inescapável", seguramente trágico, os grandes nomes do blues submergiriam no anonimato tão rápido quanto dele haviam saído. Com os anos 30 e a Grande Depressão, com a indústria discográfica obrigatoriamente retraída perante a falta de poder de compra do público, o blues regressou a casa. Despiu a fato de entertainer e voltou às ruas para cantar a vida que nelas via. A vida, porém, alterava-se dramaticamente – e o blues, obrigatoriamente, mudaria com ela.

UM GUIA NO "INSANO MUNDO MODERNO"

O interesse pela preservação futura da tradição musical americana era antigo e há décadas que a Biblioteca do Congresso recolhia documentos, essencialmente letras e partituras, a ela referentes. Com o avanço tecnológico e os novos meios disponíveis para gravação musical, as recolhas de campo ganharam novo fôlego. Em 1933, no preciso momento em que a Grande Depressão afundava a indústria discográfica, John Lomax, que já em 1909 havia fundado a Texas Folklore Society, parte em digressão com o filho Alan. Havia firmado um acordo com a Biblioteca do Congresso: ser-lhe-ia fornecido equipamento de gravação, e ele percorreria o Texas em busca de música para juntar ao arquivo da Biblioteca. Nas suas viagens, os Lomax concentraram--se essencialmente em visitas às populações prisionais, onde esperavam encontrar homens que, isolados de um mundo em mudança, tivessem preservado intacta a tradição. Foi numa dessas prisões, no Louisiana, que encontraram Huddie Ledbetter, então a cumprir a sua segunda sentença – a primeira por homicídio, a segunda por tentativa de homicídio. Gravaram centenas de canções do vastíssimo repertório daquele cantor de voz imponente, músico com mestria numa série de instrumentos, da guitarra de doze cordas, a que utilizava habitualmente, ao acordeão, harmónica ou violino.
Nascido em 1888, tinha na música um espelho da sua vida e condição. Cantava crime e ciúme ("Where did you sleep last night"), cantava o trabalho nos campos e os trabalhos forçados na prisão ("Pick a bale of cotton" e ""When the whip comes down"), cantava o amor divino e o amor terreno ("They hung him on a cross" e "Good night Irene"). Libertado da prisão em 1934, por bom comportamento e a pedido de

John e Alan Lomax, seria levado por estes até Nova Iorque, onde renasceria a sua carreira musical. É ali, a partir do momento que passa a ser um autor gravado, a partir do momento que os seus caminhos se cruzam com a cena folk nova-iorquina e com alguns dos actores mais significativos, como Pete Seeger e Woody Guthrie, que o seu nome ganha definitivamente passaporte para a história. Não o seu nome de baptismo, Huddie Ledbetter, mas a alcunha que lhe valeu o apelido e o porte físico: Leadbelly. Falecido em 1949, é um dos bluesmen mais famosos a figurar nas recolhas de John e Alan Lomax, cartógrafos fulcrais na preservação histórica do blues. No caso de Alan, que prosseguiu e levou adiante o trabalho iniciado pelo pai, a sua contribuição para a divulgação e evolução do blues é inestimável. Fê-lo não só através das recolhas – que alargou ao folclore europeu, com especial incidência no de Itália e das Ilhas Britânicas –, mas também como comunicador em rádio e televisão. No seu trabalho encontram-se a dimensão histórica e os factos, a sociologia e a antropologia.

O blues, contudo, e como vem sendo referido ao longo deste texto, exerce muito do seu fascínio pela dimensão mítica e pelo mistério que o envolve. Se o revivalismo de que seria alvo nas décadas de 50 e 60 se deve em parte ao trabalho que os Lomax e outros autores de recolhas desenvolveram, também entronca naquela que será uma das edições discográficas mais celebradas e influentes da música popular urbana, a *Anthology of American Folk Music*, compilada por Harry Smith.

O ano é 1952. Smith, boémio e artista com múltiplos interesses, do cinema de vanguarda ao expressionismo abstracto, do ocultismo à poesia beatnick, lança no mercado uma colecção de seis LPs, criada a partir da sua colecção de discos de 78 rpm. Dividida em três secções, "Ballads", "Social Music" e "Songs", representava um caleidoscópio tão intrigante quanto fascinante de música que, ainda que não tão distante no tempo, parecia habitar uma dimensão completamente diferente – pelo menos, aos ouvidos da jovem geração que ali a ouviu pela primeira vez.

Harry Smith escolheu para a colecção fronteiras temporais definidas. Cinco anos apenas: de 1927, "quando a gravação electrónica tornou possível uma reprodução musical perfeita", a 1932, "quando a Depressão interrompeu as vendas de música folk". Como apresentação de cada uma das canções, em vez de notas biográficas, preferiu curtos textos enigmáticos, fantasiosamente jornalísticos: sobre "Stack O'Lee" por Frank Hutchinson, lemos "Roubo de um chapéu Stetson resulta em discussão fatal, vítima identifica-se como homem de família". Ainda que a recolha de Smith não se cingisse ao blues, tendo a companhia de gospel, country ou cajun, revelar-se-ia fundamental para a sua redescoberta. Nomes como Mississippi John Hurt, Sleepy John Estes, Blind Lemon Jefferson ou Furry Lewis renasceram do esquecimento na boémia politicamente empenhada dos cafés, bares e tertúlias folk que, desde meados de 50, floresceram pelos Estados Unidos.

Bob Dylan, irremediavelmente "contagiado" pela música da *Anthology of American Folk Music*, escreveu nas suas "Crónicas Vol.1" que "o insano mundo moderno" era algo que não lhe interessava. "O que estava na berra e era costumeiro", continua, "eram coisas do tipo do naufrágio do Titanic, a cheia de Galveston, John Henry e o martelo de ferro, ou o John Hardy a matar um homem na fronteira do West Virginia. Tudo isto era vulgar, muito divulgado e às claras. Estas eram as notícias que me interessavam, que acompanhava e não perdia de vista". John Henry, que é um dos heróis da folk americana, um antigo escravo cuja força imensa superava as máquinas utilizadas na construção das primeiras vias ferroviárias. John Hardy, também celebrado na música tradicional americana, que foi um assassino enforcado em 1894 por homicídio. O que Dylan encontrava naquelas canções era um guia que, distante do "insano mundo moderno", lhe dava algum sentido: no blues rural, "antigo", um pulsar humano que sobrevivia à passagem do tempo. Na década de 50, depois de um hiato de quase duas décadas, voltou a ser ouvido para além das plantações e dos "juke joints" do Sul – e voltou numa altura em que o "insano mundo moderno" já tinha actuado sobre si.

DO MISSISSIPPI A CHICAGO, DE CHICAGO PARA O MUNDO

Culpa da Depressão e da progressiva alteração do equilíbrio nos sectores de actividade, com as indústrias a ganhar espaço à agricultura, desde os anos 1930 que se assistia à migração da população negra do sul dos Estados Unidos para zonas urbanas a Norte. Transportava consigo o desejo de melhores condições de vida, levava consigo a sua música. Esta, confrontada com o bulício urbano, com os seus néons e a omnipresença da electricidade, sofreria transformações profundas. Décadas antes, o frenético boogie-woogie nascera, segundo apontam alguns historiadores, quando pianistas contratados para animar serões em tendas e bares improvisados descobriram como se fazer ouvir por entre o ruído que preenchia as salas: tocando mais rápido e mais alto, utilizando uma mão como percussão sobre as teclas enquanto a outra assegurava a melodia. Em cidades como Memphis ou Chicago, duas das que acolheram mais migrantes do sul, o blues sofreu uma transformação de contornos semelhantes. Expandiu-se e electrificou-se. A guitarra acústica foi trocada pela eléctrica e o solitário bluesman passou a ter uma banda a acompanhá-lo. Trouxe consigo a memória do passado nas letras e no esqueleto musical que suportava as canções, mas cresceu em volume, em estridência e na agressividade sónica que a electricidade potenciava. Nesses anos 1950, o blues viveu aquele que foi, talvez, o período mais socialmente marcante da sua história. Com a plena recuperação da indústria discográfica, com um público urbano, liberto de constrangimentos económicos em época de abastança, e uma jovem geração interessada em descobri-lo ou em fruí-lo nas suas novas formas, chegou onde não tinha chegado antes – e com um impacto que alteraria para sempre a história da música popular urbana. A simples referência de alguns dos nomes mais emblemáticos do período é suficiente para aquilatar da sua relevância: Muddy Waters, Howling Wolf, John Lee Hooker, B.B. King, Elmore James, Sonny Boy Williamson, Memphis Slim. Em Chicago, Leonard e Phil Chess fundavam a Chess Records. Melómanos convictos da importância da música negra americana, empresários conscientes do seu potencial, construíram um catálogo que se tornaria lendário. Foi nele que se revelaram os supra-citados Muddy Waters ou John Lee Hooker, foi à Chess que Sam Phillips, futuro fundador dos Sun Studios onde Elvis Presley deu os primeiros passos, entregou as gravações que havia feito com Chester Burnette, o músico de voz impressionante que o mundo viria a conhecer como Howling Wolf. No caldeirão musical da grande cidade, onde o blues, o jazz, o country e a folk conviviam lado a lado, o blues incorporava novos instrumentos – o sax ouvido no "Everyday I Have The Blues" de Lowell Fulson não é mera adaptação, é blues de corpo e alma – e crescia em sofisticação rítmica e puro impacto sonoro. Recriavam-se melodias e letras com origem perdida na memória dos tempos e, absolutamente moderno, absolutamente intemporal, o blues ganhava uma ressonância que não tinha conseguido até então: uma época de ícones. A guitarra pantanosa de John Lee Hooker cobrindo a cidade com as correntes do Mississippi e "Boogie Chillin'" nascendo para ser reutilizada até à exaustão nas décadas seguintes. A imponência de Muddy Waters, bomba de testosterona deflagrada, em irresistível cadência hipnótica, com classe de cavalheiro – está tudo em "I'm a Man", "Rolling Stone" ou em "Hoochie

Coochie Man", representações definitivas do chamado "Chicago blues". Um poder próximo do xamanismo nos uivos de Howling Wolf e a harmónica de Sonny Boy Williamson em "Good Morning Little Schoolgirl". A intuição guiando a voz, aguda até ao desespero, de Elmore James e aquela "slide guitar" que se tornou protótipo dos rockers por vir. Isso e B.B. King transformando uma guitarra, a sua inseparável Lucille, em ícone cultural. Isso e Willie Dixon, produtor, contrabaixista e compositor de serviço na Chess, a tornar-se face visível de todos os imprescindíveis trabalhando na sombra – e eram muitos, do pianista Otis Spann, da banda de Waters, a Hubert Sumlin, o lendário guitarrista de Wolf. Com os mitos do passado a derramar luz sobre a actualidade na boémia Greenwich Village, em Nova Iorque, e com o blues do presente como força viva, imensamente influente, nos grandes centros urbanos, anunciava-se subterraneamente uma revolução.

A comunidade folk recuperou para os palcos Mississipi John Hurt, Skip James ou Son House e o rock'n'roll preparava para se anunciar, dominador, como descendente directo da música que brotava de Memphis ou Chicago. Nos Estados Unidos, Elvis Presley fazia-se ouvir pela primeira vez, em 1954, com canção resgatada a um bluesman de Memphis: "That's All Right", de Arthur Crudup. Do outro lado do Atlântico, rock'n'roll sedimentado como a mais poderosa revolução juvenil do século, bandas como os Rolling Stones, os Animals ou os Yardbirds reclamavam o blues como referência fundadora e músicos como John Mayall ou Alexis Korner operavam como formadores da nova geração. Na década de 1960 e início da seguinte, multiplicaram-se os intercâmbios. Sonny Boy Williamson e John Lee Hooker viajavam em digressão até Inglaterra e tinham os Yardbirds os Bluesbreakers de John Mayall como banda suporte. Os Rolling Stones chegavam pela primeira vez aos Estados Unidos e corriam até Chicago para gravar na Chess – no processo, deparavam-se com Muddy Waters e especavam, miúdos impressionados perante o mestre. Howling Wolf aterrava em Londres e tinha à sua espera uma banda de jovens super-estrelas desejosas de partilhar um estúdio com alguém de tal dimensão – nas *London Howling Wolf Sessions,* publicadas em 1971, encontramos Eric Clapton, Steve Winwood, Bill Wyman e Charlie Watts. John Lee Hooker, nesse mesmo ano, cantou a intemporalidade da sua música e comentou a Guerra no Vietname: teve como banda suporte os Canned Heat, uma das bandas mais consistentes e frutuosas na recuperação do blues em tempos de predomínio rock'n'roll. No ano em que *Hooker'n'Heat* foi editado, os Cream já haviam elevado o blues à estratosfera psicadélica, Jimi Hendrix já se tinha apresentado e despedido do mundo como seu feiticeiro eléctrico. Nesse momento, os Led Zeppelin caminhavam em passadas largas para o panteão rock com o blues como figura tutelar e, nos Estados Unidos, a Allman Brothers Band recriava--lhe o espírito em virtuosismo instrumental. Definitivamente adoptado pela geração rock'n'roll, maioritariamente branca, o blues sofria uma série de metamorfoses, nem sempre do agrado dos seus mais distintos representantes. *Electric Mud*, o álbum psicadélico de Muddy Waters, hoje um clássico, foi arrasado na altura do seu lançamento – pela crítica e pelo homem que surgia creditado na capa. A versão ácida de "Evil", gravada por Howlin' Wolf com uma nova fornada de músicos da Chess, pode ser uma inebriante demonstração do dom camaleónico do blues, mas Wolf fez questão de, logo após a gravação, demonstrar o seu desagrado perante os resultados. Contudo, nem personalidades desta dimensão conseguiriam algo contra a disseminação do blues por todos os eixos da música popular urbana – e, a espaços, a sua consequente transformação em algo distante do sentido original.

Os manifestos de desagrado, de qualquer modo, eram infundados. Mostravam-no seis décadas de história, seis décadas em que uma evolução constante não apagara a alma e as raízes mais profundas daquela música. Tal não aconteceria então, como não aconteceria nas décadas que conduziram ao presente.

UM PRESENTE (SEMPRE) EM ABERTO

Voz que representa, como poucas outras, uma ideia de verdade e autenticidade, qualidades que foram rareando à medida que a música popular urbana se institucionalizou como "produto", o blues foi sendo resgatado como refúgio de pureza e inspiração vital. Pressentíamo-lo nas primeiras rimas do hip-hop, extraídas da rua para a rua, e sentíamos a sua dinâmica irrequieta, tradução de um impulso irreprimível, na atitude provocadora e irascível de uns Suicide. Também o vimos perpetuado, via sample, em música electrónica procurando pulsar cardíaco entre bits e bytes – não era isso *Play*, o álbum de Moby construído com as recolhas de John e Alan Lomax como base?

Na última década e meia, quando a tecnologia tornou possível, com um simples clique, aceder a toda a música criada pela Humanidade, tivemo-lo presente em todas as suas múltiplas identidades. Está em bandas garage como os White Stripes, que traduzem para século XXI a "Death Letter" de Son House ou o "Stop Breaking Down" de Robert Johnson. Está no classicismo irrepreensível de Mr. David Viner ou nos contornos apocalípticos da música de Entrance – ambos britânicos, ambos longe de chegar à terceira década de vida. Está, também, na vontade demonstrada por editoras como a Fat Possum em cruzar veterania, sabedora de toda a vida, com juventude desejosa de exprimir a que conhece – devemos-lhe a revelação de lendas tardias como R.L. Burnside, Junior Kimbrough e Charles Caldwell ou de rockers com alma de bluesman como os Black Keys. Mais de um século depois de W.C. Handy ter sido surpreendido pela música mais bizarra que alguma vez tinha ouvido, o blues, com todo o prestígio que tal acarreta, com todos os perigos que tal condição apresenta, é património da Humanidade. Pertence a todos e é tocado por todos. Legitimado, institucionalizado, transformado em "franchise" de prestígio, serve de base a qualquer imberbe que pegue numa guitarra, serve de rede de segurança a qualquer veterano em busca de credibilidade. Precisamente por isso é tão necessário recordar a cada instante a sua riquíssima tradição, precisamente por isso é indispensável apresentá-lo como expressão em mutação contínua. Se o mundo roda, o blues roda com ele. Se, por mais que nos pensemos tão diferentes do passado, tanto de nós permanece imutável, o blues não pode e não consegue abandonar a sua essência. É como escrevemos a início: música do quotidiano a transformá-lo em algo maior. Ano após ano, o *Coimbra em Blues* tem demonstrado perfeita consciência dessa dualidade. Vive o seu passado como expressão perene, tacteia-lhe o presente e procura antecipar o que haverá de futuro. Sabe que foi com uma versão de "That's All Right", do bluesman Arthur Crudup, que Elvis Presley ateou o rastilho do rock'n'roll e, para o comprovar, nele ouvimos a homenagem a toda essa história, protagonizada pelos Heavy Trash de Jon Spencer e Matt Verta-Ray na edição de 2006. Sabe que a tradição pode sê-lo sem ter que corresponder ao seu formato cristalizado e, em 2007, os Black Diamond Heavies passaram por Coimbra para, com teclados diabólicos, uma bateria incendiária e voz de gravidade imponente, mostrar isso mesmo.

No *Coimbra em Blues*, a harmónica e a guitarra harmoniosa de Cephas & Wiggins lembraram--nos das suas paisagens originais, a iconoclastia de Little Axe suscitou entusiasmo e reprovação em doses iguais (mas não é verdade que, na década de 60, o mítico Muddy Waters e os puritanos também recusaram as "actualizações" de *Electric Mud*?) e a loucura de Bob Log III, a que alguns chamariam pós-

-moderna, recordou-nos da sua existência
como entretenimento com aura marginal.
Ao longo de cinco anos, entre o gospel tão
sagrado por tão profano de Reverend Vince
Anderson (momento alto da edição de 2004),
o "do it yourself" da jukebox humana que é
Adolphus Bell (vimo-lo em 2006) e o classicismo
eléctrico de Little Milton, um dos cabeças
de cartaz de 2003, falecido dois anos depois,
o *Coimbra em Blues* assumiu-se como sala de
estudo e ensaio de uma das mais influentes
e universais expressões musicais que a
humanidade teve a felicidade de conhecer.
Fosse W.C. Handy vivo e ser-lhe-ia endereçado
convite para a edição 2008. É provável que
continuasse a afirmá-la como a música mais
bizarra que já ouviu. Mas, pela sua capacidade
de definir num verso a alma humana, pela
forma como traduz em música um passado
preenchido e um futuro por acontecer, estamos
certos que traria consigo um gravador e um
caderno de pautas. Para tirar notas, só para
tirar notas. Cada *Coimbra em Blues* é palco
para convívio tão harmonioso quanto polémico
de 100 anos de história e o arrojo da simbiose
é a sua maior arma. O fascínio não desaparecerá
enquanto a humanidade não o fizer.
Esse é o prazo de validade do blues.

PEDRO MEDEIROS

Pedro Medeiros nasceu em Coimbra, em 1969. Expõe regularmente desde 1997. Vive e trabalha em Coimbra. Entre 1993 e 1999, foi membro do Centro de Estudos de Fotografia e dos Encontros de Fotografia de Coimbra, destacando a sua colaboração nos 16ºs E.F.C. com o fotógrafo Joel-Peter Witkin, no âmbito do projecto "Heaven and Hell", 1996. Em 1997 ingressou na Ar.Co – Centro de Arte e Comunicação Visual e na Escola de Fotografia MauMaus, em Lisboa, prosseguindo os seus estudos em Londres, no London College of Printing (2000-2001) como Bolseiro do Ministério da Cultura/ Centro Português de Fotografia.

Desde 1999 que Pedro Medeiros é fotógrafo *freelancer*, concebendo trabalho para projectos que estiveram na origem da edição de monografias, tais como, *The Legendary Tiger Man – In Cold Blood – A Sangue Frio* (2004), *Voz do Silêncio – Prisões Políticas Portuguesas* (2006), e *Ausência: Paisagem Urbana e Social* (2007). Em Coimbra, tem vindo a realizar trabalho de investigação e documentação fotográfica com diversas instituições, nomeadamente, Direcção Regional da Cultura do Centro/Ministério da Cultura; Centro de Documentação 25 de Abril da Universidade de Coimbra; Associação Existências/Projecto de Prevenção e Saúde Pública; Teatro Académico de Gil Vicente; Fila K Cineclube de Coimbra; Projecto BUH! – Colectivo de Artes Performativas; Pró Urbe – Associação Cívica de Coimbra; Centro de Estudos Sociais – Laboratório Associado da Faculdade de Economia da Universidade de Coimbra.

Está representado em diversas colecções públicas e privadas (Centro Português de Fotografia/ Ministério da Cultura, Porto; Direcção Regional da Cultura do Centro/Ministério da Cultura, Coimbra; Câmara Municipal de Coimbra; Galeria SETE – Arte Contemporânea, Coimbra; entre outras).

SÍTIOS WEB
http://www.galeriasete.com/
http://www.anamnese.pt/
http://www.legendarytigerman.com/
http://www.wraygunn.com/
http://www.myspace.com/pedromedeiros

COIMBRA EM BLUES: ANATOMIA FOTOGRÁFICA DE UM FESTIVAL
PEDRO MEDEIROS

*Reverend Vince Anderson num túnel
de passagem para os camarins;
O olhar de Macavine Hayes no Rio Mondego;
Luz sobre Sheila Wilcoxon num
Quarto da Pensão Flor;
Matt Verta-Ray e Jon Spencer no chuveiro;
Os sapatos de Little Freddy King. (...)*
SKETCH BOOK

As imagens presentes neste livro resultam de um convite que me foi dirigido em 2004 pelo Paulo Furtado, Director Artístico do *Coimbra em Blues*, para proceder, ano após ano, à constituição de um acervo fotográfico deste festival. Aceitei com prazer o seu desafio, movido pelo compromisso criativo, pela memória afectiva que mantenho acesa com o Teatro Académico de Gil Vicente e pelo desejo de dar seguimento à relação que estabeleço entre fotografia e música, mergulhando de frente no universo dos Blues. Escolhi como método de trabalho para esta missão a concepção de fotografias que, na sua maioria, pudessem ser realizadas fora do contexto de palco, tendo como intenção a construção de imagens do outro lado da cortina (aquele que habitualmente o público não vê). Neste sentido, convidei os músicos a serem fotografados em espaços com os quais se relacionam: a cidade, o teatro, os locais onde dormem, comem e se preparam para o espectáculo.

Ao fim de quatro anos, aprendi que os Blues são um largo tecido humano, cosido a lamento, oração, paixão e vício. São o passado e o futuro. Agora faço parte deste vício, desta história centenária. Estes retratos são, pois, cenografias humanas, o princípio de tudo.

Com a gentil colaboração de Reverend Vince Anderson; Little Axe; Cephas & Wiggins; Carey Bell Harrington; Roscoe Chenier; Sheila Wilcoxon; Tim Duffy; Kenny Brown & Jocco Rushing; Little Freddy King; Ulrik Petersen & Kim Hjort Jeppesen; Adolphus Bell; Macavine Hayes; Matt Verta-Ray & Jon Spencer; Black Diamond Heavies; Hell`s Kitchen Blues Band; Bob Log III; Alabama 3; Son of Dave.

NUNO PATINHO

Nasceu em Lisboa em 1965. Frequentou o workshop de Desenho da Galeria Monumental, Lisboa, sob a orientação do artista plástico Manuel San Payo em 1989. Frequentou os workshops de fotografia da Maumaus – Centro de Contaminação Visual, Lisboa, sob a orientação de Álvaro Rosendo, Jürgen Bock e Roger Meintjes, entre 1992 e 1994. Tem o Curso de Cinema e Audiovisual do ISCEM/IFP (Instituto Superior de Comunicação Empresarial / Instituo Franco-Português) sob a orientação do cineasta Lauro António, em 1992. Desde 1992 que trabalha em teatro como iluminotécnico, fotógrafo e videasta. Desde 1995 tem colaborado com A Escola da Noite, Cena Lusófona, CITAC, CITEC, Cooperativa Bonifrates, Encerrado para Obras, GEFAC, Marionet, Projecto BUH!, Teatrão e Teatro do Morcego em Coimbra, e com a EIRA de Lisboa e o CITEMOR – Festival de Montemor-o-Velho. Destaques: Fotógrafo do Teatro Académico de Gil Vicente, temporadas 2001 a 2005; do CITEMOR, 2003 a 2007 e da V Estação da Cena Lusófona/Festival Gravana 2002, em S. Tomé e Príncipe. Vídeos integrados nos espectáculos: "Ópera Bichus" da Associação Cultural Arte à Parte, Coimbra 2007; "A Água Dorme de Noite" em 2006, direcção GEFAC; "Relances" em 2005, direcção de Carlos Curto e "Coimbra Persentida" em 2003, direcção de Carlos Curto e Elsa Aleluia, Projecto BUH!; "Uma Tarde no Museu", encenação de Sílvia Brito e texto de João Maria André, animação do Museu Zoológico de Coimbra em 2000; "Além as estrelas são a nossa casa", encenação de António Augusto Barros e Sílvia Brito, A Escola da Noite em 2000. É autor de vários spots publicitários de espectáculos. Direcção de fotografia e montagem da curta metragem em vídeo "Posta e Sossego" de Monique Rutler, em 1994; monitor, operador de câmara e montagem do Instituto Franco-Português para o Curso de Formação de Actores para Teatro e Cinema, em 1993 e 1994; assistente de realização e argumentista da curta metragem em vídeo "Encontro com o destino", realização de Gonçalo Riscado, em 1992. Desde 1991 que expõe em fotografia e vídeo. Destaques: FOTOGRAFIA: Maumaus no Centro Cultural Malaposta, Olival Basto e 7ª Bienal dos Jovens Criadores da Europa e do Mediterrâneo, Lisboa, ambas em 1994; 5ª Bienal de Fotografia de Vila Franca de Xira em 1997; Tempo de Afirmação para Novos Criadores – "Alquimias dos pensamentos das artes" – Encontros de Arte, Convento de S. Francisco, Coimbra em 2000; "TAGVida" – fotografia de temporada, Teatro Académico de Gil Vicente (TAGV), Coimbra em 2001, 2002, 2003 e 2004; "Fotografia de Cena", TAGV, Coimbra 2004; "Coimbra em Blues", retrospectivas em 2004, 2005, 2006 e 2007 do festival Coimbra em Blues; "Sem nós nem abrigo", instalação integrada na exposição com o mesmo nome, produção Cooperativa Bonifrates e TAGV, no âmbito do projecto "sem nós nem abrigo", TAGV, Coimbra 2007; "1750€/m2", foto-instalação na exposição "Habitação" no âmbito do projecto "Vamos falar de habitação [em Coimbra]?, organização Pro Urbe e plataforma artigo 65, TAGV, Coimbra 2007; VÍDEO: video-instalações integradas no projecto "pessoas reais", produção ACTO ÚNICO/CITAC, Coimbra: "Testemunho Diabólico", segundo a peça "UM Imbróglio" de Carlos Reis, instalações do CITAC (Círculo de Iniciação Teatral da Academia de Coimbra), Associação Académica de Coimbra 1999, "Vídeo Adúltero" e "IN In--Fidelidades", segundo a peça "Infidelidades" de Nicolau Antunes e "Subversões" e "Sub-versões", segundo a peça "Sub-versões" de Carlos Curto e texto de Rui Zink, TAGV 2000; "Passagem", loops de vídeo em montras de estabelecimentos comerciais da baixa de Coimbra, produção ACIC – Coimbra 2005; "Comprei um T0 usado...", video--instalação na exposição "Habitação" no âmbito do projecto "Vamos falar de habitação [em Coimbra]?", organização Pro Urbe e plataforma artigo 65, TAGV, Coimbra 2007.

A fotografia não capta som mas aproxima-nos da memória. Blue notes, low light.

NUNO PATINHO

MIGUEL SILVA

Nasceu em Coimbra em 1972. Frequentou o Workshop de Iniciação à Fotografia orientado por Nuno Patinho em 2002. Frequentou o Workshop de Fotografia de Retrato, orientado por Nanã Sousa Dias em 2007. Fotógrafo colaborador no Teatro Académico de Gil Vicente nas temporadas 2001/02, 2002/03 e 2003/04. Desenvolve trabalho na área de retrato, paisagem, teatro e música.

EXPOSIÇÕES
2002 – 1º Concurso Nacional de Fotografia Digital, do Instituto Português da Juventude, colectiva de fotografia, itinerante.
2002 – Arte@DEI, colectiva de fotografia, pintura e escultura no Departamento de Engenharia Informática da Universidade de Coimbra.
2002 – TAGVida – Fotografias da temporada 2001/02, colectiva de fotografia, TAGV, Coimbra.
2003 – TAGVida – Fotografias da temporada 2002/03, colectiva de fotografia, TAGV, Coimbra.
2005 – Coimbra em Blues 2005 - Retrospectiva, colectiva de fotografia, TAGV, Coimbra.
2006 – Coimbra em Blues 2006 - Retrospectiva, colectiva de fotografia, TAGV, Coimbra.
2007 – OrbitFest - 1º Aniversário do portal The Black Planet, Coimbra.
2007 – 1º Aniversário do Centro de Artes Jah Nasce, colectiva de fotografia, Coimbra.

O FOTÓGRAFO EM BLUES
MIGUEL SILVA

Quem pensa que os *blues* são passado, que é música triste e melancólica e que só resistirá enquanto resistirem esses velhotes agarrados a uma memória, não poderia estar mais enganado. Se eu já não o soubesse, nestas edições de "Coimbra em Blues" teria desfeito todas as dúvidas: os *blues* tanto são um lamento infinito na cordas de uma guitarra quanto um grito alucinante na voz daqueles que o reinventam. Há os velhos e os novos, e uns e outros complementam-se. Esta lá tudo: o clássico Mississippi, a soturnidade mais intimista e a energia apoteótica da nova geração. Como já disse, se eu não soubesse, teria descoberto quando captei estas imagens através da lente sempre delimitadora: inebriantes esses *blues* que nos arrastam para dentro do prazer que os músicos sentem ao tocar. Pediram-me para descrever o que senti quando estava do outro lado. Pois, não estava... nesses momentos também eu me senti *blue*.

COIMBRA EM BLUES
2003-2007
FOTOGRAFIAS

Sheila Wilcoxon
Pedro Medeiros, 18 de Março, 2005

phas & Wiggins
ro Medeiros, 18 de Março, 2004

Macavine Hayes
Pedro Medeiros, 17 de Março, 2006

Reverend Vince Anderson
Pedro Medeiros, 20 de Março, 2004

Ulrik Petersen, Kim Hjort Jeppesen. Heavy Trash
Pedro Medeiros, 18 de Março, 2006

Steve Morrison and the Blues Abuse
Nuno Patinho, 20 de Março, 2003

Jon Spencer. Heavy Trash
Miguel Silva, 18 de Março, 2006

Little Axe
Nuno Patinho, 20 de Março, 2004

Sherman Robertson
Nuno Patinho, 17 de Março, 2005

Keith Dunn
Nuno Patinho, 17 de Março, 2005

Adolphus Bell
Pedro Medeiros, 17 de Março, 2006

Hell's Kitchen
Pedro Medeiros, 15 de Março, 2007

Alabama3
Pedro Medeiros, 17 de Março, 2007

Black Diamond Heavies
Pedro Medeiros, 16 de Março, 2007

Bob Log III
Pedro Medeiros, 16 de Março, 2007

Bob Log III
Pedro Medeiros, 16 de Março, 2007

Son of Da
Pedro Medeiros, 15 de Março, 20

Cephas & Wiggins
Nuno Patinho, 18 de Março, 2004

Billy Jenkins with the Blues Collective
Nuno Patinho, 20 de Março, 2003

Toni Lynn Washington
Nuno Patinho, 18 de Março, 2005

Sheila Wilcoxon
Nuno Patinho, 18 de Março, 2005

Little Freddie King
Miguel Silva, 16 de Março, 2006

Little Freddie King
Miguel Silva, 16 de Março, 2006

Roscoe Chenier Bluesba
Nuno Patinho, 19 de Março, 2

Robert Belfour
Nuno Patinho, 17 de Março, 2005

Kenny Brown
Miguel Silva, 18 de Março, 2006

Macavine Hayes
Miguel Silva, 17 de Março, 2006

ttle Freddie King
iguel Silva, 16 de Março, 2006

T-Model Ford
Nuno Patinho, 19 de Março, 2005

Elmo Williams & Hezekiah Ear[ly]
Miguel Silva, 21 de Março, 20[03]

Hezekiah Early
Miguel Silva, 21 de Março, 2003

Little Milton
Miguel Silva, 22 de Março, 2003

il Jones
uel Silva, 21 de Março, 2003

COIMBRA EM BLUES
*1º Festival Internacional
de Blues de Coimbra*
20, 21 e 22 de Março de 2003
BLUES EUROPEU
Dia 20 de Março, 21h30
Steve Morrison and the
Blues Abuse
Billy Jenkins with the
Blues Collective

MISSISSIPPI BLUES
21 de Março, 21h30
Elmo Williams
& Hezekiah Early
Paul Jones
BIG CITY BLUES
22 de Março, 21h30
Little Milton

cartaz
Luís Mendonça

COIMBRA EM BLUES 2003-2007
CARTAZES

COIMBRA EM BLUES
2º Festival Internacional de Blues de Coimbra
18, 19 e 20 de Março de 2004
BLUES ACÚSTICO
Dia 18 de Março, 21h30
Cephas & Wiggins
BLUES ELÉCTRICO
Dia 19 de Março, 21h30
Roscoe Chenier Bluesband
Carey Bell

OUTROS CAMINHOS DO BLUES
Dia 20 de Março, 21h30
Reverend Vince Anderson
Little Axe

cartaz
Luís Mendonça

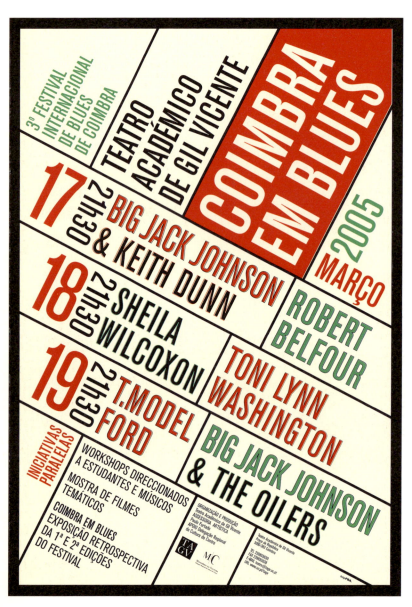

COIMBRA EM BLUES
*3º Festival Internacional
de Blues de Coimbra*
17, 18 e 19 de Março de 2005
Dia 17 de Março, 21h30
Robert Belfour
Keith Dunn
& Sherman Robertson
Dia 18 de Março, 21h30
Toni Lynn Washington
Sheila Wilcoxon
Dia 19 de Março, 21h30
T-Model Ford
The Sherman Robertson Band

cartaz
Joana Monteiro/FBA.

COIMBRA EM BLUES
*4º Festival Internacional
de Blues de Coimbra*
16, 17 e 18 de Março de 2006
Dia 16 de Março, 21h30
Little Freddie King
Dia 17 de Março, 21h30
Macavine Hayes
Adolphus Bell
Dia 18 de Março, 21h30
Kenny Brown
Heavy Trash

cartaz
Joana Monteiro/FBA.

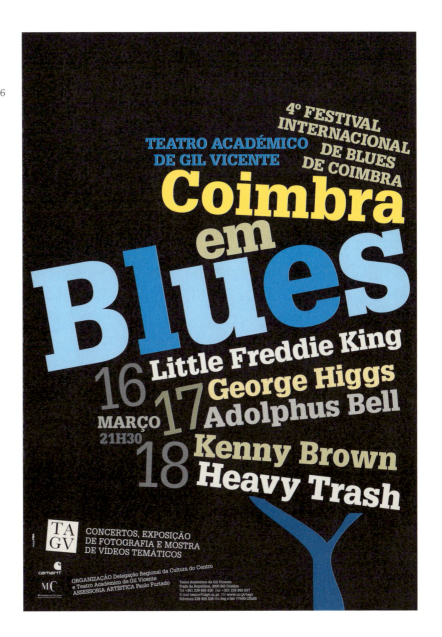

COIMBRA EM BLUES
5º Festival Internacional de Blues de Coimbra
15, 16 e 17 de Março de 2007
Dia 15 de Março, 21h30
Hell's Kitchen
Son of Dave
Dia 16 de Março, 21h30
Black Diamond Heavies
Bob Log III
Dia 17 de Março, 21h30
Alabama3 (acoustic & unplugged)

cartaz
Joana Monteiro/FBA.

MÚSICOS
PEDRO DIAS DA SILVA
TERESA SANTOS

Kenny Brown e Jocco Rushing
Pedro Medeiros, 18 de Março, 2006

STEVE MORRISON & THE BLUES ABUSE

Steve Morrison é um trovador moderno, sendo o seu poder de expressão, através da guitarra e da palavra, único. As suas composições reflectem um universo próprio onde alma, poesia e melodia, aliadas a uma voz quente, se fundem. Nascido de pais escoceses e criado em Londres, Steve Morrison cresceu com a guitarra: "o meu pai tocava guitarra e eu tive a sorte de estar rodeado de guitarras durante toda a minha vida". Com uma capacidade de absorver os sons que o rodeiam, Steve usa-os instintivamente, para dar à sua música um sentido contemporâneo.

Os blues captaram-lhe a imaginação muito cedo, e embora a influência dos primeiros *bluesmen*, como Bill Broonzy, John Hurt e Brownie McGhee, seja notória, desenvolveu um estilo pessoal, através da combinação de muitos outros estilos – folk, rock ou jazz. "Não estudo tanto os outros guitarristas, pois prefiro inspirar-me em instrumentos como flauta ou piano, o que me dá a possibilidade de criar algo original". Autodidacta, é um soberbo guitarrista slide, trabalhando profissionalmente há mais de 10 anos. Acompanhado da sua banda, The Blues Abuse, sabe despertar o que há de melhor nos músicos que com ele actuam.

Recentemente, Morrison tem-se concentrado no arranjo e gravação das suas composições, tentando despertar o interesse de um público mais vasto.

DISCOGRAFIA
Walk on (Art Of Blues)
Live @ Oliver's (with Matt Percival and Al Richardson) (Art Of Blues)
Play Blues & Boogie (with Richard Ansell) (Art Of Blues, 2006)
Here Is The Blues (with Billy Jenkins) (Art Of Blues)

SÍTIO WEB
www.bluesabuse.com

BILLY JENKINS

Billy Jenkins nasceu em Kent (Inglaterra) a 5 de Julho de 1956. Aos 12 anos, fascinado pelo blues, aprendeu a tocar guitarra, ouvindo a música de Johnny Winter, Albert King, Brownie McGhee, ou The Groundhogs. Depois de, ao longo da adolescência, ter integrado as bandas The Burlesque e The Fantastic Trimmer & Jenkins, em 1981 forma a The Voice of God Collective, onde desenvolveria um intenso trabalho com jovens músicos britânicos de jazz. Em 1995, Jenkins reúne o Blues Collective. As primeiras actuações têm lugar em Londres, no início do ano seguinte, passando pela formação, ao longo dos anos, diversos músicos. Esta viria a estabilizar-se numa estrutura que conta com Billy Jenkins (guitarra e voz), Richard Bolton (guitarra), Thaddeus Kelly (baixo), Mike Pickering (bateria) e Dylan Bates (violino). Olhando para a extensa obra de Billy Jenkins, dir-se-ia que não possui quaisquer credenciais para ser músico de blues. Com uma carreira que se estende por três décadas e um percurso maioritariamente ligado ao jazz, Billy Jenkins esquivou-se, quase obsessivamente, ao sucesso comercial. Ironicamente, foi ao retornar ao seu primeiro amor, o blues, que criou, provavelmente, o seu projecto mais apelativo.

DISCOGRAFIA

Sounds Like Bromley (Plymouth Sounds, 1982)
Greenwich Wood (Wharf, 1985)
Uncommerciality, Vol. 1 (VOTP, 1986)
Wiesen (VOTP, 1987)
Uncommerciality, Vol. 2 (VOTP, 1988)
Round Midnight Cowboy (VOTP, 1988)
In the Nude: Standards, Vol. 1 (VOTP, 1988)
In the Nude (WestWind, 1988)
Motorway at Night (De Core Music, 1988)
Jazz Café Concerts, Vol. 1 [live] (VOTP, 1989)
Jazz Café Concerts, Vol. 2 [live] (VOTP, 1989)
Blue Moon in a Function Room (VOTP, 1990)
Entertainment USA (Babel, 1994)
Mayfest '94 [live] (Babel, 1995)
S.A.D. (Babel, 1996)
East/West (Babel, 1996)
Still Sounds Like Bromley (Babel, 1997)
True Love Collection (Babel, 1998)
Suburbia (Babel, 1999)
Scratches of Spain (Babel, 1999)
Sadtimes.co.uk (VOTP, 2000)
Blues Zero Two (VOTP, 2002)
Life (VOTP, 2002)
When the Crowds Have Gone (Babel, 2004)
First Aural Art Exhibition (Babel, 2006)
Songs of Praise Live! (Babel, 2007)

SÍTIO WEB
http://www.billyjenkins.com

ELMO WILLIAMS & HEZEKIAH EARLY

Elmo Williams nasceu a 6 de Fevereiro de 1933, em Natchez (Mississippi), herdando o talento do pai para a música, um habilidoso guitarrista, que imitava na ânsia de aprender a tocar.

Depois de um período na tropa, regressou a Natchez e casou. Ocupado, durante a semana, pelas exigências do trabalho e da família, reservava os fins-de-semana para se dedicar ao que mais gostava de fazer: tocar no Big Haneys, em Ferriday (Louisiana) – orgulhosamente recordado como o bar que lançou Jerry Lee Lewis. Nos seus concertos, Elmo conviveu e partilhou o palco com outros grandes músicos, sendo convidado para se juntar a alguns. Declinou todas as ofertas – tinha uma família para sustentar e muitos anos para se preparar para o projecto da Fat Possum.

Hezekiah Early nasceu a 7 de Outubro de 1934, em Natchez (Mississippi). Sempre rodeado de música, fascinou-se desde cedo pela bateria, começando, por volta dos 10 anos, a praticar em baldes e panelas. Mais tarde, sem possibilidades económicas para comprar uma bateria, interessou-se pela harmónica, instrumento que veio a dominar.

Em 1978, teve a possibilidade de aliar o seu amor pela harmónica com a vontade de tocar bateria: com a harmónica presa à boca, ao microfone ou à bateria, Hezekiah ficava com as mãos livres para tocar. Formou a sua própria banda, Hezekiah and the House Rockers, sendo dono de todos os instrumentos que tocavam. Anos mais tarde, com uma enorme experiência acumulada, este talentoso baterista juntou-se a Elmo Williams na gravação de um álbum. *Takes One To Know One,* primeiro álbum resultante da colaboração entre Elmo Williams e Hezekiah Early, é considerado como o álbum mais excêntrico da Fat Possum, editora do Mississippi que, ao longo de três décadas, se tem dedicado exclusivamente aos blues.

DISCOGRAFIA
ELMO WILLIAMS & HEZEKIAH EARLY
Takes One To Know One (Fat Possum, 1998)

SÍTIO WEB
www.myspace.com/elmowilliamshezekiahearly

PAUL JONES
1946-2005

Paul Jones nasceu a 1 de Julho de 1946, em Flora (Mississippi). A sua primeira inspiração foi o pai, guitarrista de blues, começando aos 12 anos a interessar-se por outros músicos, aprendendo e desenvolvendo novas formas de tocar. Seis anos mais tarde, tocava já em concertos locais, embora nunca deixando o estatuto de amador.

Ganhando a vida como soldador, Jones foi também um *bluesman*, conhecido e admirado pela maioria dos músicos do Delta, sendo bastante requisitado para tocar em concertos. Tal facto deveu-se à forma como executava a guitarra, através da prática de um estilo tipicamente *country* e tradicional, com nuances modernistas, que transportava quem o ouvia directamente para o coração do blues do Delta. Apenas em meados da década de 90, altura em que se juntou à editora Fat Possum, teve oportunidade de se dedicar à música a tempo inteiro e de actuar, pela primeira vez, para além das fronteiras do Estado de Mississippi.

A sincronização do som denso da guitarra com uma voz arrastada é uma das características que fizeram de Paul "Wine" Jones um formidável talento. Faleceu a 9 de Outubro de 2005.

DISCOGRAFIA
Mule (Fat Possum/Capricorn, 1995)
Pucker Up, Buttercup (Fat Possum, 1999)
Stop Arguing Over Me (Fat Possum, 2006)

LITTLE MILTON
1934-2005

Milton Campbell nasceu a 7 de Setembro de 1934, no seio de uma família de agricultores, em Inverness (Mississippi). O seu pai, Big Milton, era um músico de blues local, e Milton cresceu a ouvir o popular programa de rádio *The Grand Ole Opry*, interessando-se, desde cedo, pela música *country* e *western* e, mais tarde, pelas duas influências predominantes do Delta do Mississippi, o *gospel* e o *blues*.

Aos 12 anos, Little Milton começou a estudar e a praticar guitarra, aprendendo e tocando tudo o que ouvia, independentemente do estilo ou dificuldade. No início dos anos 50 tinha já uma considerável experiência de palco, com impacto em todos os locais onde actuava.

O seu single de estreia, "Beggin` My Baby", foi gravado e lançado ao mesmo tempo que Sam Phillips apurava o som de outro talento desconhecido de Mississippi, Elvis Presley. Após gravar uma série de singles para a editora Sun, Milton mudou-se para a editora Bobbin, onde a sua carreira floresceu, tornando-se sócio de Bob Lyons, dono da editora. Durante este período, assinou artistas como Albert King e Fontella Bass, e mais importante, teve o seu 1º êxito, "I`m A Lonely Man", em 1958.

O sucesso repentino de Milton atraiu a atenção dos executivos da editora Chess, em Chicago, que o contratam, transferindo Little Milton do circuito sulista dos blues para os holofotes nacionais e para as audiências brancas. Em 1965, atingiu o 1º lugar na tabela de singles R&B da revista *Billboard*, com o single "We`re gonna make it", obtendo uma série de êxitos no período entre 1962 e 1971, que se tornariam clássicos do blues americano. Após a morte de Leonard Chess, fundador da editora, em 1969, a companhia dissolveu-se. Entre 1971 e 1983, Milton publicaria novas gravações pela Stax, TK/Glades e MCA, sempre com grande reconhecimento e sucesso comercial.

Em 1984 uniu-se à editora Malaco, iniciando a mais longa relação profissional da sua carreira. Continuando o seu excepcional estilo de tocar e cantar, obteve, em 1988, o prestigiado prémio W.C. Handy Blues Entertainer of the Year Award e, em 2000, a nomeação para os Grammy Awards, além da inclusão do seu nome no *Blues Hall of Fame*. Com mais de três dezenas de álbuns publicados, Little Milton, o homem que tornou "The Blues is alright" num hino para os entusiásticos do blues por todo o mundo, faleceu a 4 de Agosto de 2005.

DISCOGRAFIA

We're Gonna Make It (Chess, 1965)
Sings Big Blues (Checker, 1968,)
Grits Ain't Groceries (Stax, 1970)
If Walls Could Talk (MCA/Chess, 1970)
Waiting for Little Milton (Stax, 1973)
What It Is: Live at Montreux Festival (Stax, 1973)
Blues 'n' Soul (Stax, 1974)
Tin Pan Alley (Stax, 1975)
Friend of Mine (Glades, 1976)
Me For You, You For Me (Glades, 1977)
Walkin' the Back Streets (Stax, 1981)
The Blues Is Alright (Evidence, 1982)
Age Ain't Nothin' But a Number (Mobile Fidelity, 1983)
Playing for Keeps (Malaco, 1984)
I Will Survive (Malaco, 1985)
Annie Mae's Cafe (Malaco, 1986)
Movin' to the Country (Malaco, 1987)
Back to Back (Malaco, 1988)
Too Much Pain (Malaco, 1990)
Reality (Malaco, 1991)
I Need Your Love So Bad (Golden Ear, 1991)
Strugglin' Lady (Malaco, 1992)
I'm a Gambler (Malaco, 1994)
Live at Westville Prison (Delmark, 1995)
Cheatin' Habit (Malaco, 1996)
For Real (Malaco, 1998)
Welcome to Little Milton (Malaco, 1999)
Feel It (Malaco, 2001)
Guitar Man (Malaco, 2002)
The Blues Is Alright: Live at Kalamazoo (Varèse Sarabande, 2004)
Think of Me (Telarc, 2005)
Live at the North Atlantic Blues Festival (Camil, 2006)

SÍTIO WEB
www.littlemilton.com

CEPHAS & WIGGINS

John Cephas nasceu em Washington DC em 1930. Educado no estado da Virgínia, numa família profundamente religiosa, teve o gospel como primeira inspiração musical. O contacto com o blues dá-se aos 8 anos através de uma tia, que lhe ensina alguns acordes de guitarra, que Cephas aperfeiçoa ao ouvir os discos de Blind Boy Fuller, Blind Blake e Reverend Gary Davis. Sem nunca descuidar a guitarra, a que se dedica aos fins-de-semana, trabalhou como cantor gospel, pescador e carpinteiro. Por volta dos anos 60 profissionaliza-se como músico, altura em que junta à banda de Wilber "Big Chief" Ellis, na qual permanece até à morte do pianista em 1997. Actualmente, a par de uma preenchida carreira musical, é membro fundador da Washington Blues Society.

Phil Wiggins nasceu em Washington DC, em 1954. O seu fascínio pela harmónica começa na infância, iniciando a sua carreira musical ainda muito jovem, com dois dos melhores músicos de Washington, Archie Edwards e John Jackson. Herdeiro de várias influências, aperfeiçoa a sua técnica ouvindo a música de Sonny Terry, Sonny Boy Williamson II, Little Walter e Big Walter, os reconhecidos mestres da harmónica. Os anos que acompanhou a guitarrista slide e cantora gospel Flora Molton, ajudaram Wiggins a definir o seu estilo e forma de tocar.
Para além de harmonista, Phil Wiggins é também um dotado compositor e escritor de canções, produzindo o material que ajudou a definir o som da dupla Cephas & Wiggins.

CEPHAS & WIGGINS

John Cephas e Phil Wiggins conheceram-se numa *jam session* em 1976. A afinidade musical entre ambos inicia-se ainda enquanto membros da banda Ellis´s Barrelhouse Rockers, do pianista Wilbert Ellis. Um ano após a morte deste, em 1978, formam o duo acústico de guitarra e harmónica Cephas & Wiggins, iniciando, pouco tempo depois, uma intensa carreira ao vivo, que rapidamente os populariza entre os apreciadores do blues tradicional, nos EUA e Europa.
No final dos anos 80, o duo tinha já conquistado o entusiasmo dos fãs e o reconhecimento da comunidade de blues internacional. Em 1987 publicam *Dog Days Of August*, integralmente gravado na sala de estar de Cephas e premiado como Melhor Álbum do Ano pelo W.C. Handy Awards. Em 1996, e após gravarem para uma variedade de editoras, fazem a sua estreia na mítica Alligator com *Cool Down*, que os estabelece como figuras principais do ressurgimento do country blues actual. Em 2006, o seu mais recente álbum *Shoulder To Shoulder* deliciou os fãs, uma vez mais, devido ao blues doce e melódico que conjugam com originalidade, vitalidade e, sobretudo, alegria.

DISCOGRAFIA

Sweet Bitter Blues (L&R, 1984)
Let It Roll: Bowling Green (Marimac, 1985)
Dog Days of August (Flying Fish, 1986)
Guitar Man (Flying Fish, 1987)
Walking Blues (Marimac, 1988)
Flip, Flop & Fly (Flying Fish, 1992)
Bluesmen (Chesky, 1993)
Cool Down (Alligator, 1996)
Goin´ Down the Road Feelin´ Bad (Evidence, 1998)
Homemade (Alligator, 1999)
From Richmond to Atlanta (Rounder, 2000)
Somebody Told the Truth (Alligator, 2002)
Shoulder to Shoulder (Alligator, 2006)

SÍTIO WEB

www.cephasandwiggins.net

ROSCOE CHENIER BLUES BAND

Em meados dos anos 50, as gravações de Lightnin' Slim e Lazy Lester introduziram um som novo e intrigante que ficou conhecido como *Swamp Blues*, um sub-género do *Louisiana Blues*, mais ritmado e solto, a que se associavam elementos do rhythm & blues e do country. Quatro décadas depois, o guitarrista e vocalista Roscoe Chenier afigura-se como o fiel herdeiro deste género musical.

Roscoe Chenier nasceu em Opelousas (Louisiana), em 1941. Oriundo de uma família com tradições musicais, a sua maior inspiração foi o pai, o acordeonista Arthur "Bud" Chenier. Em 1958 foi convidado a integrar, como vocalista, os CD and The Blues Runners, uma das melhores bandas de estrada do território, que contava com Lonesome Sundown na guitarra – seria a grande influência de Chenier na aproximação a este instrumento. Permanece na banda até 1970, altura em que iniciou um período de itinerância musical, saltando de banda em banda, ainda longe de concretizar o sonho de liderar um projecto seu. Durante este período tocou com Good Rockin´Thomas e acompanhou, frequentemente, Lonesome Sundown, Clarence Randle e Duke Stevens.

Os anos 80 marcaram a viragem na carreira de Chenier, com a formação de um grupo próprio. A sua grande oportunidade teve lugar em 1994, quando assinou pela editora Avenue e publicou o álbum *Roscoe Chenier*, registo que despoletou um significativo reconhecimento no velho continente. Com uma intensa carreira ao vivo, que lhe valeu, em 1999, a inclusão no *Louisiana Blues Hall of Fame,* Roscoe Chenier actua regularmente em clubes e festivais na Europa e EUA.

DISCOGRAFIA

Roscoe Chenier (Avenue Jazz, 1993)
Roscoe Rocks (Black & Tan, 2000)
Roscoe Style (Black & Tan, 2001)
Waiting for My Tomorrow (Black & Tan, 2006)

SÍTIO WEB

www.myspace.com/roscoechenier

CAREY BELL
1936-2007

Carey Bell Harrington nasceu em Macon (Mississipi), em 1936. Autodidacta, interessou-se pela harmónica aos 8 anos, começando a tocar profissionalmente aos 13 anos com o seu avô, o pianista de *country blues*, Lovie Lee. Em 1956, acompanhado por Lee, partiu para Chicago, o local privilegiado para um aspirante a músico de blues. Depois de assistir à actuação de Little Walter, no clube Zanzibar, os dois tornar-se-iam amigos, o que permitiu ao jovem Bell aperfeiçoar a sua técnica na harmónica. Mais tarde, conheceu outros dois grandes mestres da harmónica, Sonny Boy Williamson e Big Water Horton, tendo adoptado este último como mentor. No final da década de 50, à medida que a guitarra eléctrica se tornava o instrumento predilecto do Chicago Blues, escasseavam as oportunidades para a harmónica, o que o levou a interessar-se pela guitarra baixo. Nesse papel, tocou com Honeyboy Edwards, Johnny Young, Eddie Taylor, Earl Hooker e Big Walter. Em 1969, de volta à harmónica, assinou pela Delmark Records e gravou o seu álbum de estreia *Carey Bell´s Blues Harp*. Nos anos seguintes, ocuparia o lugar de harmónica na banda de Muddy Waters. Em 1978 é um dos músicos incluídos na celebrada antologia *Living Chicago Blues*. Nos anos 80 já Carey Bell assumia um lugar de destaque no Harmonica Blues gravando, quer a solo, quer com outros músicos, para uma variedade de editoras americanas e europeias, mantendo ainda uma intensa carreira ao vivo.

Em 1990, com Junior Wells, James Cotton e Billy Branch, gravou o álbum *Harp Attack*, premiado com um W.C. Handy Award. Nos últimos anos, para além da constante presença em palco, lançou, entre outros, *Good Luck Man*, premiado como "O Melhor Álbum do Ano" (1997) pelos W.C. Handy Awards, recebendo o seu autor, simultaneamente, o título de "Artista do Ano". Mestre no manejo da harmónica, a que aliava uma voz poderosa e um imenso talento, viu o seu percurso ser interrompido a 6 de Maio de 2007, data em que faleceu. Com lugar de honra assegurado no panteão dos heróis do blues, Carey Bell é reconhecido, sobretudo, pela capacidade que demonstrou na adaptação do som do Chicago Blues à contemporaneidade.

DISCOGRAFIA
Carey Bell's Blues Harp (Delmark, 1969)
Last Night (ABC Bluesway, 1973)
Heartaches and Pain (Delmark, 1977)
Goin´ on Main Street (Evidence, 1982)
Son of a Gun (P-Vince Japan, 1983)
Harpslinger (JSP, 1988)
Dynasty! (JSP, 1990)
Mellow Down Easy (Blind Pig, 1991)
Harpmaster (JSP, 1994)
Deep Down (Alligator, 1995)
Good Luck Man (Alligator, 1997)
Second Nature (Alligator, 2004)
Gettin' Up: Live at Buddy Guy's Legends Rosa's (Delmark, 2007)

REVEREND VINCE ANDERSON

Vince Anderson nasceu em 1970. Educado em Fresno, na Califórnia, cedo revelou a sua inclinação religiosa. No final do liceu, ingressou no Conservatório de Música do Pacífico, onde estuda piano clássico. Depois de conhecer o Reverendo Cecil Williams, que criara uma igreja neo-hippie em S. Francisco, descobre a sua verdadeira vocação e, em 1994, ruma a Nova Iorque, ingressando num seminário com a intenção de se tornar pastor metodista. Descoberta a vocação, mas insatisfeito com o método, abandonaria o seminário passados 3 meses, decidido a praticar a sua fé nas ruas e adoptando os vagabundos, alcoólicos, desenraizados e as almas perdidas como congregação predilecta. Imediatamente oficializa o seu título de reverendo pela Universal Life Church, respondendo a um anúncio na contra-capa da revista *Rolling Stone*.

Em 2000 cria a editora Dirty Gospel, através da qual tem publicado discos que contam histórias de fé e descrença, num baloiçar permanente entre a indulgência e a contrição, a violência e a redenção. Com um registo vocal próximo ao de Tom Waits, faz ecoar o seu testemunho por bares obscuros e corações despedaçados, com uma sensibilidade e humor que tornam ainda mais credíveis as suas convicções. Embora, como verdadeiro reverendo que é, contabilize no seu currículo a realização de dezenas de casamentos e baptizados.

Actualmente, assume-se essencialmente como músico de palco, percorrendo os EUA de costa a costa, a solo ou com a banda Love Choir, pregando uma mensagem sincera e bem-disposta e divulgando o seu estilo *dirty gospel* – fazendo do órgão o seu púlpito, prega a partir dos evangelhos do gospel, blues e rock & roll.

DISCOGRAFIA
Reverend Vince Anderson
I Need Jesus (Dirty Gospel, 2001)
The 13th Apostle (Dirty Gospel, 2002)
The Blackout Sessions (Dirty Gospel, 2003)
Reverend Vince Anderson & Boxcar Satan
Texas Barroom Revival (DogFingers, 2004)
Reverend Vince Anderson and His Love Choir
100% Jesus (Dirty Gospel, 2006)

SÍTIO WEB
www.reverendvince.com

LITTLE AXE

Little Axe é uma criação do músico, performer e produtor Skip McDonald e, simultaneamente, pseudónimo e nome da banda que lidera, quando envereda pelo território dos blues. Skip McDonald, aliás Bernard Alexander, nasceu em 1949, em Dayton (Ohio). Aprendeu os primeiros acordes de guitarra com o pai, que lhe transmitiu o gosto pelos blues. Aos 10 anos já tocava profissionalmente com músicos de jazz da região. Após finalizar o liceu, mudou-se para Nova Iorque, onde formou a sua primeira banda. Em 1979, integrou a banda residente da editora rap Sugarhill, tocando em alguns dos melhores álbuns rap lançados na época, entre eles os clássicos *The Message* e *White Lines* de Grandmaster Flash. Mais tarde, já na editora Tommy Boy, juntou-se ao mítico produtor inglês Adrian Sherwood e à sua recém formada editora, a On-U-Sound. Juntos haveriam de criar o som que mudaria o curso da cena musical inglesa. É nessa altura que, em conjunto com o baixista Doug Wimbish e o baterista Keith LeBlanc, que desde há muito o acompanhavam, se muda para Londres, onde formam os Tackhead, investindo com Sherwood na produção de bandas como Nine Inch Nails, African Headcharge, Megadeath e Living Colour. Em 1992, McDonald adopta o nome Little Axe, marcando o regresso ao blues da sua infância. O nome surge como um tributo a *Small Axe*, dos Wailers, e ao músico gospel Wilbur "Little Ax".

Co-produzido por Sherwood, faz a sua estreia em 1994 com o single "Ride On (Fight On)", retirado do primeiro álbum *The Wolf That House Built*. Aclamado pela crítica, seria a grande influência de Moby no álbum *Play*. Entre 1996 e 2006 publicaria quatro álbuns, os dois últimos para a editora Real World de Peter Gabriel, onde mistura influências soul, funk e reggae, embora muitas vezes retomando o som negro do primeiro álbum, pontuado por velhas histórias de blues envoltas num som profundo, hipnótico e sedutor.

DISCOGRAFIA
Never Turn Back (On–U-Sound, 1993)
The Wolf that House Built (Wired, 1994)
Slow Fuse (Wired, 1996)
Hard Grind (On–U-Sound, 2002)
Champagne & Grits (Real World, 2004)
Stone Cold Ohio (Real World, 2006)

SÍTIO WEB
www.little-axe.com

ROBERT BELFOUR

Robert Belfour nasceu em Holly Springs (Mississippi), em 1940. De origens humildes, foi criado numa quinta onde, juntamente com toda a família, trabalhava para sobreviver. Habituado a ouvir o seu pai a tocar guitarra, familiarizou-se muito cedo com este instrumento. Aos 7 anos pegaria pela primeira vez numa guitarra, iniciando uma aprendizagem solitária e autodidacta.

Em 1953, os pais separaram-se e Robert mudou-se com a mãe para Red Banks. Para animar o espírito da família, a mãe comprou um pequeno rádio a pilhas – a estação WDIA, auto-intitulada "a primeira estação de rádio negra", revelou-lhe um novo e surpreendente universo musical, ajudando-o na sua formação.

Em 1959, Robert contraiu matrimónio com Norene Norman, a primeira grande impulsionadora da sua carreira musical, mudando-se um ano mais tarde para Memphis, com Robert a sujeitar-se aos mais diversos trabalhos para sobreviver. A sua esposa era agora cozinheira num restaurante em Beale Street, famosa rua que albergava não só o mítico estúdio de Sam Phillips, o Sun Studio Records, como era palco privilegiado para os músicos de rua que se esforçavam por cativar as atenções. Apesar da insistência da esposa, só em 1981 é que Belfour se decidiu a actuar na Beale Street, mostrando o seu extraordinário talento em público. E foi aí que conseguiu despertar o interesse de Joe Savage, que o levaria a actuar regularmente no museu Hand. Uma das pessoas a quem o seu talento não passou despercebido foi Dave Evans: musicólogo de longa data, na Universidade Estatal de Memphis, dedicou a sua vida a gravar e a divulgar músicos obscuros da região do Delta, através da sua própria editora, a High Water, e de um programa na estação de rádio WEVL. É por seu intermédio que Belfour é convidado a dar uma série de concertos na Alemanha. No início dos anos 90 gravou para a editora alemã Hot Fox, a destacada antologia *The Spirit of the Blues*, com versões de clássicos do género, que obtém bastante sucesso na Europa. O reconhecimento nos EUA aconteceria no final da década, com Belfour a despertar a atenção da editora Fat Possum. Assim, em 2000, já com 60 anos, publicou o primeiro álbum de originais, com o qual surpreendeu público e crítica, pela forma como combinava o domínio da guitarra acústica, com uma voz densa, profunda e expressiva, num todo enraizado na tradição do *delta blues*.

DISCOGRAFIA
What´s Wrong with You (Fat Possum, 2000)
Pushing´My Luck (Fat Possum, 2003)

KEITH DUNN

Harmonista, cantor e produtor, Keith Dunn iniciou a sua aprendizagem em casa, durante as habituais sessões gospel que envolviam toda a família. A sua primeira influência musical foi T-Bone Walker, que teve oportunidade de ver actuar ao vivo aos 9 anos de idade. Três anos mais tarde comprou a sua primeira harmónica, começando a tocar em Boston (EUA) com músicos de rua e em festas.

Durante a adolescência deixou-se influenciar pela música que ouvia na estação de rádio W-I-L-D, especialmente a de Curtis Mayfield e Smokey Robinson, seus músicos favoritos. Foi também durante esse período que desenvolveu uma forte consciência social, tornando-se politicamente activo. Influenciado pela música de Junior Wells, formou a sua primeira banda, Blue Lightning, onde interpretava temas de Jimmy Rogers, James Cotton e Muddy Waters. Algum tempo depois, surgem os Honeydrippers, um duo de saxofone e guitarra, onde presta, mais uma vez, homenagem aos grandes clássicos do blues e do jazz.

A residir actualmente na Holanda, onde formou a sua própria editora discográfica, a Deetone, editou em 1998 um primeiro álbum a solo, *Alone with the Blues*. Marcado por um estilo musical lírico e melódico, reflecte as suas grandes influências musicais e os trinta anos de experiência, ao longo dos quais teve oportunidade de aprender com James Cotton, Big Walter Horton ou Jimmy Rogers. Para além de uma produtiva carreira a solo, Keith Dunn colabora regularmente com músicos europeus e norte-americanos.

DISCOGRAFIA

Alone with the Blues (Deetone, 1998)
Delta Roll [with The Love Gloves] (Deetone, 2006)

SÍTIO WEB

www.keithdunn.com

TONI LYNN WASHINGTON

A carreira de Toni Lynn Washington atravessa mais de quatro décadas, ao longo das quais foi conquistando o seu espaço entre as mais significativas cantoras contemporâneas de rhythm & blues.

Nasceu em 1936 em Southern Pines (Carolina do Norte), onde, durante a infância, cantou nos coros da escola e da igreja. Aos 13 anos mudou-se para Boston, começando a actuar, ainda muito jovem, em clubes nocturnos, conquistando o entusiasmo e respeito dos seus pares e do público. Cinco anos mais tarde casou-se e rumou a Nova Orleães, integrando a cena musical local e empenhando-se numa série de concertos, que lhe deram oportunidade de partilhar o palco com grandes lendas do blues e do soul – Jackie Wilson, Big Joe Turner ou Johnny Adams. Por esta altura actuava já por todo o país, tendo-se estreado internacionalmente em 1960, no continente asiático. Foi também neste período que gravou os seus primeiros singles.

O marido, militar de profissão, em meados da década seria transferido para Pensaloca (Florida), o que a obriga a nova mudança geográfica. Apesar de criada no circuito musical urbano, Toni Lynn adapta-se ao meio mais rural e segregacionista do sul dos EUA, actuando em vários espaços locais. Mais tarde, encabeçou uma banda militar de 35 elementos, com a qual percorreu os Estados Unidos em digressão. Nos anos 70 mudou-se para Hollywood e, durante oito anos, integrou a banda The Sound of the Seventies. Apesar do grande sucesso que obtêm, a cantora mostrava uma enorme desilusão com o rumo que tomara a sua carreira. Na década seguinte, regressou a Boston onde, a par do trabalho diurno num escritório, colaborou e actuou com músicos locais. Por esta altura, seria convidada a integrar a banda Boston Baked Blues, onde permaneceu durante alguns anos. Em 1992, sentiu novamente necessidade de mudar de rumo e, com o pianista Bruce Bears, também dos *Boston Baked Blues,* rodeou-se dos melhores músicos de Boston para conseguir realizar o sonho que há muito perseguia: o de formar a sua própria banda – a Toni Lynn Washington Band. Com uma intensa carreira ao vivo, a banda conquistou uma sólida reputação e, em 1995, publicou o álbum de estreia, que seria acolhido de forma estusiástica, o que permitiu lançar a banda a nível nacional e eleger Toni Lynn Washington como uma das grandes vozes da sua geração.

Nos anos seguintes, a sua obra continuou a ser reconhecida, incluindo sete nomeações para o W.C. Handy National Blues Award, prémio que anualmente homenageia os músicos que se distinguem na área dos blues.

DISCOGRAFIA
Blues at Midnight (Tone-Cool, 1995)
It's My Turn Now (Tone-Cool, 1997)
Good Things (Tone-Cool, 2000)
Been So Long (Northern Blues, 2003)

SHEILA WILCOXON

Sheila Wilcoxon iniciou-se no universo musical aos 12 anos, em Detroit (Michigan), recebendo formação no coro gospel da igreja local.
Em 1978 mudou-se para Portland (Oregon), formando a banda de rhythm & blues Sheila & the Boogiemen, que viria a ser considerada uma das melhores da região.
Em 1989 iniciou um novo projecto, o Back Porch Blues, pequena formação acústica composta por voz, guitarra e percussão, que, quatro anos mais tarde, publicaria o álbum de estreia, *Back to Basics*. Actuando regularmente para audiências entusiastas, um pouco por todo o país, conquistaram uma série de prémios, incluindo o de *Best New Blues Band*, *Best Blues Album* e o *Best Tradicional Blues Act*. Wilcoxon foi ainda premiada com o *Crystal Award*, pela Associação de Música de Portland, na categoria de *Outstanding Blues Act*.
Em 1994, lançou-se no desafio Sheila & The Blackwater Blues Band, publicando o álbum *Backwater Blues*, registo onde continuaria a revelar o seu enorme talento como compositora, pianista e guitarrista. Para além de canções inéditas, interpretava ainda temas clássicos imortalizados por Bessie Smith, Leadbelly ou Hoyt Axton. Paralelamente à sua actividade musical, obteve ainda o Doutoramento pela Universidade de Willamette (Portland).

Em 1998 foi nomeada para um W.C. Handy Award, na categoria de *Best Tradicional Blues – Female Artist of the Year*. Para além dos concertos com a banda, Sheila & The Blackwater Blues Band, mantém uma intensa carreira a solo, o que lhe tem valido projecção internacional.

DISCOGRAFIA
Back to Basics (Burnside, 1992)
Backwater Blues (Burnside, 1996)

T-MODEL FORD

T-Model Ford (James Lewis Carter Ford) nasceu em 1924, em Forrest (Mississippi), no seio de uma família rural. No início do séc. XX, a vida era árdua e miserável no Mississippi, especialmente para os negros, pelo que, aos 6 anos, T-Model trabalhava já no cultivo da terra. Aos 16 anos começou a trabalhar na serração local e, mais tarde, seria recrutado por uma grande companhia de transportes em Greenville, onde é promovido a camionista. Por esta altura, foi condenado a 10 anos de prisão por homicídio, cumprindo, no entanto, apenas 2 anos da sentença.

Sem nunca ter aprendido a ler nem a escrever, e sem grandes expectativas de futuro, o seu percurso de vida foi difícil, tendo trabalhado a vida inteira para garantir a subsistência da sua família, que foi crescendo ao longo dos anos – tem 26 filhos. Herdeiro da rica tradição musical do Delta do Mississippi, T-Model acabou por encontrar na música a sua única forma de redenção. E, talvez por isso, toca de forma enérgica e bem disposta, servindo um blues puro e genuíno. Fazendo a sua estreia musical nos velhos bares de Greenville, não passou despercebido à editora Fat Possum – verdadeira caça-talentos do Mississippi –, que publicou o seu primeiro álbum *Pee-Wee Get My Gun*.

Com uma carreira discográfica que começou aos 75 anos, T-Model Ford conta com 4 álbuns editados. No mais recente, *Bad Man*, voltou a celebrar a vida e a música, com os ritmos contagiantes da sua guitarra eléctrica, influenciando toda uma nova geração de músicos.

DISCOGRAFIA
Pee-Wee Get My Gun (Fat Possum, 1997)
You Better Keep Still (Fat Possum, 1998)
She Ain´t None of Your´n (Fat Possum, 2000)
Bad Man (Fat Possum, 2002)

SÍTIO WEB
www.myspace.com/tmodelford

THE SHERMAN ROBERTSON BAND

Sherman Robertson é considerado um dos mestres do *zydeco* e do *swamp blues*, um subgénero do *Louisiana Blues*, ritmado e solto, que integra elementos rhythm & blues e country. Apesar de musicalmente se ter formado no Texas, nasceu em Breaux Bridge (Louisiana), em 1948. Influenciado pela música de Hank Williams, Freddie King e Albert Collins, adquiriu a sua primeira guitarra aos 13 anos. Adolescente em Houston (Texas), conquistou rapidamente uma reputação de excelente guitarrista, o que levaria o seu professor de música no liceu, Conrad Johnson, a recrutá-lo para tocar na banda, Connie´s Combo.
No final dos anos 60, tocava já com músicos como Bobby "Blue" Bland e Junior Parker, acabando por formar a sua própria banda, Sherman Robertson and The Crosstown Band, com a qual actuou e gravou dois álbuns nos anos seguintes.
Em 1982 juntou-se à banda do acordeonista Clifton Chenier, aclamado rei do *zydeco*, o que lhe permitiu actuar pela Europa e Estados Unidos. Em 1988, após o falecimento de Chenier, juntou-se ao grupo liderado por Terrance Simien, tocando, entre outros, com Rockin´ Dopsie e Johnny Clyde Copeland. Com uma excelente reputação e um talento que dava nas vistas, Robertson foi convidado por Paul Simon a participar nas gravações do álbum *Graceland*. Pouco tempo depois, o lendário produtor britânico Mike Vernon – produtor de John Mayall & The Bluesbreakers, Freddie King, Fleetwood Mac ou David Bowie – convidou-o a assinar pela editora Atlantic.
Em 1994, Robertson lançou o primeiro de três álbuns a solo, que confirmam que gosta de misturar diversos estilos, de Ray Charles a *motown*, do *swamp blues* ao *pop* e do *zydeco* ao *texas blues*, combinando uma excelente técnica de guitarra e uma voz poderosa.

DISCOGRAFIA
I'm the Man (Atlantic, 1994)
Here and Now (Atlantic, 1996)
Going Back Home (Audio Quest, 1998)
Guitar Man (Movin Music, 2005)

LITTLE FREDDIE KING

Se há alguém que pode reclamar os blues, esse alguém é Little Freddie King. Com uma história de vida semelhante à de outros artistas clássicos, que contribuíram para mistificar a figura do *bluesman*, viveu a vida no fio da navalha: várias vezes alvejado e esfaqueado, esteve preso e bebeu sofregamente, até que uma úlcera o forçou à abstinência.
Fread E. Martin nasceu em 1940, no fértil solo musical do Mississippi, aprendendo os primeiros acordes de guitarra com o pai, o guitarrista Jesse James Martin. Em meados dos anos 50, mudou-se para Nova Orleães onde tem oportunidade de se cruzar com inspirados músicos do sul de Louisiana – Polka Dot Slim, Boogie Bill Webb, Buddy Guy, Slim Harpo – cujo estilo particular, de *country blues* citadino, acabaria por influenciá-lo. A admiração por Freddie King – guitarrista de Chicago, um dos grandes impulsionadores do *Chicago blues* moderno, que contribui para o grande boom musical do final dos anos 60 –, com quem chegou a tocar várias vezes, acabou por lhe valer a alcunha de "Little" Freddie King, nome artístico que adoptou a partir da década de 60. Em 1970 estreou-se com *Harmonica Williams with Little Freddie King*, primeiro disco de blues eléctrico gravado em Nova Orleães. Nos anos seguintes acompanhou Bo Diddley e John Lee Hooker em digressão pela Europa, sendo também presença habitual nos mais importantes festivais de blues dos EUA.

Um hiato de 26 anos mediou a estreia discográfica e o segundo álbum de originais, a que se seguiram mais dois registos de estúdio, o último dos quais com data de 2005. Herdeiro das ricas tradições musicais do delta do Mississippi e de Louisiana, durante este longo período cronológico Little Freddie King actuou ao vivo centenas de vezes, já que foi na música que encontrou a sua única forma de libertação. É talvez por isso que toca de forma tão genuína e enérgica.

DISCOGRAFIA
Harmonica Williams with Little Freddie King (Ahura Mazda, 1970)
Swamp Boogie (Orleans, 1996)
Sing Sang Sung (Orleans, 2000)
You Don´t Know What I Know (Fat Possum, 2005)
King of the New Orleans Blues (2008)

MACAVINE HAYES

Nasceu a 3 de Junho de 1943 na pequena cidade de Jasper (Florida). Filho mais velho de uma grande família de fracos recursos, passava os Verões na quinta do avô, onde ouvia a música dos Blind Boy Fuller, tocada por uma velha Vitrola. Isso inspirou-o a pegar na guitarra e a começar a animar festas familiares.
Nos anos 50, o seu pai comprou um pequeno rádio, o que permitiu o acesso aos programas de blues e rhythm & blues da estação WLAC. "No que dizia respeito ao blues, conheci B.B. King, Jimmy Reed e John Lee Hooker" – que se converteram em inspirações maiores na sua formação como guitarrista. "Mas também ouvi grupos de gospel, como Dixie Hummingbirds e The Five Blind Boys of Alabama," afirmou a propósito Hayes, que, influenciado pelo quinteto, viria a integrar o grupo gospel The Gospel Crusaders, como guitarrista e cantor. Durante alguns anos, Macavine Hayes e Captain Luke, seu vizinho e amigo, actuavam no passeio em frente às suas casas, em bares e igrejas das redondezas. Nos anos 60 conheceu o músico de rua Guitar Gabriel (falecido em 1996), com quem realizou uma longa digressão pela Florida, Atlanta e Augusta. Na década seguinte, a dupla cansou-se de tanta agitação e abriu um bar em Clermont Street (Tampa), que manteve e animou durante vários anos, tendo a diversão como principal motivação. Segundo as palavras de Hayes, que dão ideia do seu espírito boémio, "com o Gabriel a vida não era difícil; só era preciso beber muito".

Em 2005 gravaria o único álbum até à data, onde estão patentes as grandes influências musicais da sua vida. Nesta obra homenageia de forma sentida o blues tradicional dos primórdios, a música que nos anos 50 descobriu através da WLAC, bem como o gospel e os espirituais negros.

DISCOGRAFIA
Drink House (Music Maker, 2005)

ADOLPHUS BELL

Adolphus Bell nasceu em 1944, numa zona rural de Birmingham (Alabama). Apesar de ter crescido numa quinta e trabalhado nos campos de algodão, desde cedo que a música foi parte integrante da sua vida – o músico George Benson, seu vizinho, proporcionou-lhe o primeiro contacto com a guitarra.

Após a morte do pai, em 1962, mudou-se com a mãe para Pittsburgh (Pensilvânia). Um ano mais tarde começou a dedicar-se profissionalmente aos blues, o que o obrigou a uma aprendizagem intensiva da guitarra. Tocando na rua, em festas privadas, no metro, em bares e clubes, começou a empenhar-se activamente na melhoria das condições de vida dos jovens negros residentes nos guetos urbanos. Mais tarde, nova deslocação geográfica para Atlanta, onde passou a residir, o que viria a possibilitar-lhe a primeira "digressão" fora dos EUA: "estava em Atlanta quando um inglês me viu a tocar no metro, levando-me de seguida para Inglaterra, para que tocasse num concerto privado para a sua mulher. Toquei apenas uma noite, mas acabei por ficar uma semana em Inglaterra. [...] Adorei! Não fazia ideia do quanto as pessoas apreciavam a minha música até ir a Inglaterra".

Durante alguns anos liderou uma banda, no entanto, desiludido com os músicos que o acompanhavam – chegavam constantemente atrasados aos ensaios e concertos – seguiu o conselho da sua progenitora e, ao longo de nove meses, enclausurou-se a ensaiar para, simultaneamente, conseguir cantar, tocar guitarra, bateria e harmónica. Em 1975 estreou-se como *one-man band*, formato que adoptaria em definitivo, iniciando uma época dourada que o levaria a apresentar-se ao vivo pelos EUA e um pouco por todo mundo.

Possibilitada pela Music Maker Relief Foundation – organização sem fins lucrativos que tem como objectivos a descoberta dos verdadeiros pioneiros da música do Sul dos EUA, o seu reconhecimento público e a prestação de auxílio aos mais carenciados – a gravação do seu primeiro disco, em 2005, foi a concretização de um sonho e o culminar de uma carreira de quatro décadas, em que tem apresentado repertórios preenchidos por temas originais e clássicos blues, dos anos 50 e 60.

DISCOGRAFIA
Adolphus Bell, One Man Band (Music Maker, 2005)

KENNY BROWN

Kenny Brown era ainda criança quando começou a interessar-se pela guitarra. No início dos anos 60, na altura a viver em Nesbit, região situada nas montanhas a norte do Mississippi, tinha por vizinho o guitarrista Joe Callicott, com quem aprendeu a tocar guitarra slide, e que se tornaria uma enorme referência para o jovem norte-americano. Simultaneamente, absorveu os hipnóticos sons africanos do baterista Othar Turner, também seu vizinho, que costumava tocar nas festas e piqueniques locais.
No final dos anos 60, conheceu outros músicos que iriam influenciá-lo e com quem teve oportunidade de aprofundar a sua aprendizagem: os guitarristas Fred McDowell e Junior Kimbrough e o harmonista Johnny Woods, elementos da segunda geração de músicos do norte de Mississippi, verdadeiros mestres do blues. No entanto, foi no início dos anos 70 que a sua exposição musical aumentou significativamente ao conhecer R.L. Burnside, artista com quem viria a criar uma forte empatia, que durou mais de duas décadas. Durante 25 anos seria o braço direito do lendário músico (falecido em 2005), que a ele se referia como "filho adoptivo".
Mas a carreira de Kenny Brown destaca-se para além desta colaboração, com um percurso musical a solo que o levou a outros quadrantes, garantindo-lhe um lugar de destaque. Exemplos disso são as investidas no universo cinematográfico, com a criação de "Alice Mae", tema principal do filme *Black Snake Moan/Entre o Céu e o Inferno,* de Craig Brewer (com Samuel L. Jackson e Cristina Ricci nos principais papéis), e a banda sonora original de *Big Bad Love* de Arliss Howard. Os dois álbuns gravados em nome próprio, que integram temas originais, tradicionais e versões de R.L. Burnside, revelam um universo onde se fundem country, blues e rock 'n roll.

DISCOGRAFIA
Goin' Back to Mississippi (Plumtone, 1997)
Stingray (Fat Possum, 2003)

SÍTIO WEB
www.kennybrown.net

HEAVY TRASH

É nos Heavy Trash, grupo de química instantânea dedicado às lides do rockabilly, que se juntam os nova-iorquinos Jon Spencer (voz/guitarra) e Matt Verta-Ray (guitarra), dois dos mais importantes nomes do rock contemporâneo. Conquistaram esse estatuto através do trabalho desenvolvido em projectos próprios – Pussy Galore/Blues Explosion e Madder Rose/Speedball Baby, respectivamente – sendo reconhecidos pelas massivas doses de punk que injectaram nos fundamentos do blues. E é essa paixão conjunta, mais o facto de terem andado em digressão com o mestre do blues Andre Williams – mais tarde haveria de ser a vez de R.L. Burnside –, que os motivou a avançar para um novo poderoso duelo de guitarras. No entanto, embora não deixe de ser verdade que essas experiências sonoras anteriores nunca foram verdadeiras bandas de blues, reconhece-se-lhes a mais valia de, a partir da linguagem, dos símbolos e das características do estilo, o terem explorado e levado a uma audiência bastante alargada. No que diz respeito aos Heavy Trash, no álbum homónimo de estreia, lançado em 2005, criaram um disco espontâneo e enérgico, em que revisitam o blues, o rockabilly e o garage rock. Com um alinhamento de temas originais, revelava o som característico dos velhos discos de rock'n'roll, já que a banda gravou com guitarras e amplificadores vintage, dispensando o uso das novas técnicas digitais e efeitos especiais, investindo num cocktail de rock'n'roll, rockabilly, country, surf, rhythm & blues e brincadeiras western, o que reflecte influências musicais óbvias de Charlie Feathers, Gene Vincent, Elvis Presley, Johnny Cash, Chuck Berry, além de alguma da loucura dos The Cramps. O resultado foi uma banda sonora suja, ideal para percorrer as infindáveis estradas que ligam as costas Este e Oeste dos Estados Unidos. Semelhantes ambientes voltaram a ser experimentados no mais recente álbum da banda, *Going Way Out with Heavy Trash*, o que permite afirmar que, em toda a sua plenitude, os Heavy Trash são uma combustão rockabilly-blues alimentada com sentimento e carisma.

DISCOGRAFIA
Heavy Trash (Yep Roc, 2005)
Going Way Out with Heavy Trash (Yep Roc, 2007)

SÍTIO WEB
www.heavytrash.net

HELL'S KITCHEN

Bernard Monney, Cédric Taillefert e Christophe Ryser dão corpo aos Hell's Kitchen, banda suíça que pratica uma sonoridade que poderá definir--se como *blues-trash*. Além de voz, guitarra e contrabaixo, na sua música utilizam objectos altamente improváveis como percussão – uma tampa de caixote do lixo, um tambor de máquina de lavar roupa ou um tubo de aspirador –, além de outros, como é o caso de um cabo de vassoura acoplado a uma bacia (com uma corda de roupa esticada entre o topo e a base), o que confere à banda um carácter bastante *sui generis*. Apesar da originalidade da música praticada, os Hell's Kitchen permanecem fiéis às raízes e ao espírito dos blues, ao urdirem uma descarga de contornos urbanos, penetrante e excêntrica, mas, sobretudo, vibrante, à qual é difícil resistir. A densa voz de *crooner* que se lhes reconhece – algures entre Mark Lanegan e os 16 Horsepower – contrasta com o rock electrizante, de inspiração profundamente *bluesy* que experimentam, encontrando-se igualmente no seu universo alguns pormenores mais *jazzy*, fruto da exploração pertinente das potencialidades do contrabaixo. Nessa medida, é certamente difícil enumerar o elevado número de grupos e artistas que lhes serve de inspiração. No entanto, Motorhead, Bo Diddley, Tom Waits, Chuck E. Weiss, Black Sabbath e Johnny Dowd são alguns dos que referem como fazendo parte da lista. Publicaram, até à data, um EP e dois álbuns, sendo *Doctor's Oven*, o mais recente, aquele que cativou a crítica e o público.

DISCOGRAFIA
Blues from the Beancan (EP, Ed. Autor, 2001)
The Big Meal (Urgence Disk, 2002)
Doctor's Oven (Urgence Disk, 2005)

SÍTIO WEB
www.myspace.com/hellskitchenblues

SON OF DAVE

Com influências confessas de Neil Young, James Cotton, Bob Dylan, Buddy Guy, além dos nomes maiores dos blues de Chicago, o canadiano Benjamin Darvill (nascido em 1967) começou a actuar ao vivo, ainda na adolescência, como tocador de harmónica. Ao longo da década de 90 integrou a formação da banda pop-rock canadiana Crash Test Dummies, tocando bandolim, harmónica, guitarra eléctrica e acústica, contando com várias centenas de concertos no currículo. Desde 2000 tem estado activamente envolvido no projecto a solo Son Of Dave, resultado de vários anos em Londres e das experimentações desenvolvidas com o produtor Stephen Patman. Son Of Dave não é um artista pop com pretensões a estar na moda. A sua forma de tocar harmónica é extremamente fluida, rica e inventiva, sendo igualmente peculiar a forma como canta e agita o shaker. Com os pés marca o ritmo, processado por um pedal de efeitos para aumentar as potencialidades interpretativas, enquanto que, captado por um velho microfone Astatic, o som da harmónica é convertido num registo sujo e roufenho. Esta inventiva mescla de blues, hip hop e pop, cria o que descreve como "funky ass Devil music without thievery or pretension", caracterizada por um som e uma abordagem que poderia ser descrita como algo de verdadeiramente novo para os blues, espécie de universo de texturas infernais – através do qual tem conseguindo chegar a um público que, regra geral, não se aproximaria sequer do género.

Assim, estamos perante um curioso performer dos blues que, segundo o próprio, "traz os blues num vivo frenesim para o século XXI".
Sob o nome Son Of Dave publicou três álbuns, sendo o último, *02*, o mais reconhecido – inclui o tema "Devil Take My Soul", um dueto com a cantora Martina Topley-Bird.

DISCOGRAFIA
Ben Darvill's Wild West Show (*Ed. Autor*, 1999)
01 (Kartel, 2000)
02 (Kartel, 2006)

SÍTIO WEB
http://sod.ward404.com

BLACK DIAMOND HEAVIES

Originários do Tennessee, os norte-americanos Black Diamond Heavies são uma das bandas mais reconhecidas da nova geração de músicos de blues. Com John Wesley Myers, como vocalista e teclista, e Van Campbell encarregue da bateria e das vozes secundárias, têm uma actividade ainda relativamente curta, o que, ao contrário do que poderia supor-se, não prejudica em nada as suas criações e interpretações. Prescindindo das guitarras, dão primazia aos teclados e à voz grave de Myers, algures entre Lemmy (dos Motorhead) e Tom Waits, praticando um som cru e sujo – que definem como *punk ass blues* – que os aproxima do universo soul-gospel. Como é possível apreciar em *Every Damn Time*, único álbum que gravaram até à data, a maioria das suas composições são originais, dissertando sobre religião e bebida, tópicos clássicos na música do sul dos Estados Unidos. No entanto, no repertório da banda é também possível encontrar versões de John Lee Hooker, Muddy Waters, Lou Reed ou Tom Waits. Com uma agenda de concertos bastante preenchida, com prestações espalhadas pelos EUA e Europa, o seu trabalho tem vindo a obter reacções entusiásticas por parte da imprensa especializada.

DISCOGRAFIA
Every Damn Time (Alive Naturalsound, 2007)

SÍTIO WEB
http://blackdiamondheavies.com

BOB LOG III

Músico, cantor e compositor de Tucson (Arizona), o norte-americano Bob Log III é responsável por uma das mais curiosas *one-man band* do planeta. Inspirado por Chuck Berry, Bo Diddley, Hasil Adkins e AC/DC, começou a tocar guitarra aos 11 anos. Alguns anos mais tarde, inspirar-se-ia no músico do Mississippi, Fred McDowell, e no *Delta blues* para modelar a sua forma de executar guitarra slide, iniciando-se nas lides artísticas com o projecto *art-noise* Mondo Guano (1989-91).

Finalizada esta primeira experiência, estabeleceu uma aliança com Thermos Malling para criar os Doo Rag e, ao longo de parte da década de 90, experimentar o universo do *Delta blues* e do rock. Depois de registados alguns álbuns e realizados muitos concertos, a meio de uma digressão pelos EUA, Log seria abandonado pelo companheiro percussionista, não tendo outra alternativa senão prosseguir a solo, assumindo ele próprio, em simultâneo, a execução de guitarra e bateria.

É nesse contexto que surge Bob Log III, situação que apelida de *One Man Boom*, e que se caracteriza pela prática de um explosivo cocktail de derivados rock e blues, aliado à excentricidade da indumentária com que se apresenta em palco, o que provoca um enorme envolvimento do público e transforma os seus concertos em celebrações musicais. O fato azul de paraquedismo, em lycra, e o capacete de motard com microfone acoplado (em formato de auscultador de telefone) permitem-lhe grande liberdade de movimentos em palco, não só para tocar, como para uma série de devaneios performativos. Simultaneamente, consegue proteger a sua verdadeira identidade, alimentando o culto iconográfico de que é alvo. Tem realizado digressões pelos Estados Unidos, Europa, Japão e Austrália, onde reside actualmente.

DISCOGRAFIA
School Bus (Fat Possum, 1998)
Trike (Fat Possum, 1999)
LIVE!!! Aloha From Japan (Bloat, 2000)
Log Bomb (Fat Possum, 2003)

SÍTIO WEB
www.boblog111.com

ALABAMA 3

Juntos desde o início dos anos 90, os londrinos Alabama 3 são sobejamente conhecidos pelo facto de serem autores de "Woke Up This Morning", canção escolhida para acompanhar o genérico da série televisiva *Os Sopranos*.
No entanto, para lá do mediatismo provocado por essa situação, a banda inglesa destaca-se por uma criativa fusão de rock, folk, country, gospel, blues e electrónica, pela lírica irónica que acompanha as canções que cria, pelas personagens artísticas, deliberadamente humorísticas, que encarna, além de arrojadas e escandalosas prestações ao vivo, o que levou já o jornal *The Guardian* a considerá-los "a melhor banda do país ao vivo".
Espécie de foras-da-lei dos tempos modernos, com o Oeste americano por cenário, pregam, literalmente, às audiências que assistem às suas apresentações, veiculando sermões plenos de versos politicamente incorrectos, mensagens de amor mundano e duvidosos louvores ao próximo. Na génese dos Alabama 3, Rob Spragg (aliás, Larry Love) e Jake Black (aliás, The Very Reverend Dr. D. Wayne Love), dois dos seus elementos mais preponderantes, fundaram mesmo a estrambólica The First Presleyterian Church Of Elvis The Divine, espécie de congregação devota de Elvis Presley, com os restantes membros do colectivo como principais discípulos. No entanto, a sua maior devoção musical é, reconhecidamente, o músico Johnny Cash.

No TAGV apresentaram o espectáculo *Alabama 3 - Acoustic And Unplugged*, em que, com uma formação reduzida de quatro elementos – entre eles os convidados Devlin Love (voz) e Harpo Strangelove (harmónica) – interpretarem reformulações dos seus temas mais significativos, de forma exclusivamente acústica.

DISCOGRAFIA
Exile on Coldharbour Lane (Elemental, 1997)
La Peste (Elemental, 2000)
Power in the Blood (One Little Indian, 2002)
The Last Train to Mashville vol. 1
(One Little Indian, 2003)
The Last Train to Mashville vol. 2 (Ed. Autor, 2004)
Outlaw (One Little Indian, 2005)
M.O.R. (One Little Indian, 2007)

SÍTIO WEB
www.alabama3.co.uk

FICHA TÉCNICA

EDIÇÃO Almedina www.almedina.net
ORGANIZAÇÃO Teatro Académico de Gil Vicente
www.ci.uc.pt/tagv
APOIO Direcção Regional da Cultura do Centro
FOTOGRAFIA DA CAPA Nuno Patinho
DESENHO GRÁFICO Joana Monteiro
TIPOS akaChen, ahaType; Chaparral Pro, Lynotype
PAPÉIS Gardapat 13, Garda; Pop'Set, Arjowiggins
IMPRESSÃO E ACABAMENTO Gráfica de Coimbra
TIRAGEM 1000 ex.
DEPÓSITO LEGAL 272462/08
ISBN 978-972-40-3433-1
(c) Teatro Académico de Gil Vicente, 2008